踔厉奋发 探索前行

王恩宝 著

——

十年探索时期
辽宁地方历史若干问题研究

辽宁人民出版社

图书在版编目（CIP）数据

踔厉奋发　探索前行：十年探索时期辽宁地方历史若干问题研究 / 王恩宝著 . — 沈阳：辽宁人民出版社，2024.1

ISBN 978-7-205-10940-0

Ⅰ . ①踔… Ⅱ . ①王… Ⅲ . ①辽宁—地方史 Ⅳ . ① K293.1

中国国家版本馆 CIP 数据核字（2023）第 225473 号

出版发行：辽宁人民出版社
　　　　　地址：沈阳市和平区十一纬路 25 号　邮编：110003
　　　　　电话：024-23284321（邮　购）　024-23284324（发行部）
　　　　　传真：024-23284191（发行部）　024-23284304（办公室）
　　　　　http://www.lnpph.com.cn
印　　刷：辽宁新华印务有限公司
幅面尺寸：160mm×230mm
印　　张：15.5
字　　数：151 千字
出版时间：2024 年 1 月第 1 版
印刷时间：2024 年 1 月第 1 次印刷
责任编辑：董　喃
装帧设计：留白文化
责任校对：吴艳杰
书　　号：ISBN 978-7-205-10940-0
定　　价：68.00 元

前　言

　　从 1956 年 9 月中共八大到 1966 年 5 月"文化大革命"前的十年，是中国共产党领导全国各族人民开始全面建设社会主义的十年，也是中国共产党对中国建设社会主义道路艰辛探索的十年。与新中国成立初期发展比较顺利的七年相比较，这十年是在探索中曲折发展的时期。辽宁同全国一样，在这十年中经历了曲折发展，既取得了重大成就，也付出了很高代价；既积累了宝贵经验，也留下了深刻教训。可以说，辽宁全面建设社会主义的十年是在努力探索社会主义建设道路中砥砺奋进的十年。

　　在全面建设社会主义的十年中，经过对国民经济调整方针的贯彻执行，我国社会主义建设事业又取得了很大成就。正如 2021 年《中共中央关于党的百年奋斗重大成就和历史经验的决议》里指出的："从新中国成立到改革开放前夕，党领导人民完成社会主义革命，消灭一切剥削制度，实现了中华民族有史以来最为广泛而深刻的社会变革，实现了一穷二白、人口众多的东方大国大步迈进社会主义社会的伟大飞跃。在探索过程中，虽然经历了严重曲折，但党在社会主义革命和建设中取得的独创性理论成果和巨大成就，为在新的历史时期开创中国特色社会主义提供了宝贵经验、理论准备、物质基础。"这个结论不仅完全符合全国的实际情况，也完全符合辽宁的实际情况。

当然，由于复杂的主客观原因，十年探索中，经济建设上急于求成、政治思想领域从反右派斗争的扩大化到庐山会议反右倾的失误以及导致的后果是严重的，使社会主义建设事业遭到巨大损失，但这并不是这个时期中国共产党工作的主导方面。在这十年中，中国共产党以巨大的勇气和对人民负责的态度，几次努力纠正工作中的失误。广大党员干部和人民群众虽然承受了失误所造成的严重困难，但他们从中国共产党勇于自己纠正失误中深切感受到中国共产党的本质和主流所在，没有动摇在中国共产党的领导下建设社会主义的坚定信念，并为之继续付出艰辛的努力。当然，中国共产党和中国人民没有能够阻止"左"倾错误的发展并导致"文化大革命"的发生，但这种信念和努力最终成为后来彻底纠正"左"倾错误、开辟中国特色社会主义新道路的内在力量和坚实基础。

全面建设社会主义的十年，历史跨度虽然仅仅只有十年，但其内容十分丰富、历程纷繁复杂、正确错误相伴、矛盾冲突交织、历史节点独特，真正科学、准确评价这段历史实属不易。本书从十个方面，以专题形式对辽宁全面建设社会主义的十年历史进行简要梳理，以期从一定程度上对中国共产党领导的社会主义建设历史规律和本质有所揭示，从而为深入研究新时代中国特色社会主义诸多问题提供一定借鉴。

目　录

一、为开始探索社会主义建设道路作出的积极努力

正确的指导思想是事业发展的根本指南。中共八大的召开，为探索社会主义建设道路指明了方向；探索社会主义建设道路是全面建设社会主义十年的历史主题和主线。

1956 年 9 月召开的中国共产党第八次全国代表大会，正确地分析了国内外形势和国内主要矛盾的变化，明确指出：由于社会主义改造已经取得决定性的胜利，我国无产阶级同资产阶级之间的矛盾已经基本上解决，国内的主要矛盾，已经是人民对于建立先进的工业国的要求同落后的农业国的现实之间的矛盾，已经是人民对于经济文化迅速发展的需要同当前经济文化不能满足人民需要的状况之间的矛盾。党和全国人民当前的主要任务，就是要集中力量解决这个矛盾，把我国尽快地从落后的农业国变为先进的工业国。

中共八大制定了正确的政治、经济、文化和外交路线，对建设社会主义道路做出了重要探索，为社会主义事业的发展指明了

方向，具有深远历史意义。辽宁是全国工业比重最大的省份，是全国的重工业基地之一。在社会主义改造基本完成之后，如何根据省情特点进行社会主义建设，是摆在全省人民面前的一个重大课题。1956 年初，中共辽宁省委和辽宁省人民委员会[①]（以下简称辽宁省人委），就开始对如何进行社会主义经济建设问题进行一些有益的探索，提出一些具体设想和政策。中共八大之后，在中共中央领导下，为了探索社会主义建设道路，中共辽宁省委、辽宁省人委结合辽宁实际，认真研究和学习中共中央精神，制定各项方针政策，作出了积极努力，并且在实际工作中取得一定成果。

第一，明确了辽宁的中心任务。1956 年 7 月 11 日，中共辽宁省委书记处书记李荒在中共辽宁省第一届代表大会上指出：“中央早已指示辽宁省的领导中心应该放在工业建设上。过去两年，我们是遵循中央这一指示进行工作的，今后我们还必须坚定不移地遵循这一指示进行工作。这就要求我们以主要力量来完成工业建设任务，同时又全面地做好其他各方面的工作。”[②] 第一个五

[①] 1954 年 8 月，辽宁省成立时，行政上称辽宁省人民政府，负责人称主席，各市、县负责人也称主席；1955 年 1 月，根据中共中央指示，辽宁省人民政府改称辽宁省人民委员会，负责人称省长，各市、县负责人分别称市长、县长。此称谓一直延续到 1967 年 1 月。

[②] 李荒：《在中共辽宁省第一届代表大会上的闭幕词》，1956 年 7 月 11 日，辽宁省档案馆档案。

年计划①期间，辽宁遵照中共中央指示，将工业建设作为中心任务。在社会主义改造基本完成以后，辽宁仍然要抓住这个中心，掀起工业建设新高潮，并带动其他各项事业的发展。在贯彻执行中共八大路线过程中，中共辽宁省委、辽宁省人委进一步明确在"一五"期间，辽宁省的工业基地将得到继续加强，以便在支援内地建设中发挥日益重要的作用。中共辽宁省委号召全省人民继续兢兢业业，戒骄戒躁，纠正工作中的主观主义思想和官僚主义作风，动员一切力量，调动一切积极因素，充分利用一切有利条件，克服各种困难，胜利完成中共中央交给辽宁人民的历史任务。

第二，运用理论联系实际的方法，以整风精神学习中共八大文件，总结工作，找出存在的问题，提出改进措施。中共辽宁省委、辽宁省人委在中共八大之前即对辽宁的工农业生产建设进行了总结；中共八大以后，中共辽宁省委发出通知，要求全省各地深入学习和领会中共八大文件精神，全面接受和领会党的历史经验教训和各项政策，以批评与自我批评的精神检查工作，借以提高思想，改进工作，更好地贯彻执行中共八大路线。中共辽宁省委、辽宁省人委认为，1956年辽宁的经济建设形势同全国一样，在取得很大成绩的同时，也存在着不少问题，主要是急躁冒进倾向，在基本建设方面投资过大，对于需要与可能、轻重主次缺乏具体分析；对于资金、材料、劳动力、技术条件和管理力量缺乏平衡；

① 以下简称"一五"计划，第一个五年计划时期简称"一五"时期；第二个五年计划简称"二五"计划，第二个五年计划时期简称"二五"时期……以此类推。

指标订得高，步子迈得大，人力、物力、财力都很紧张，造成不少浪费和损失。在工业企业生产过程中，一些单位忽视安全，忽视质量，忽视职工福利，人身伤亡事故上升。在农业生产方面，强调以粮棉为主的同时，全面发展农村生产的方针贯彻不够；生产计划订得偏高，卡得过死，农业生产单一化，忽视畜牧业和副业生产；在农产品的采购上，价格偏低，影响农民生产积极性，致使市场供应紧张，尤其是副食品和日用百货更为短缺。在农村实现高级形式的合作化进程中，大社办得多了一些，在处理生产与生活、集体与个人的关系上，偏重于生产和建设，忽视了个人、家庭的生产和生活，使部分地区群众在生产和生活上发生了许多困难①。中共辽宁省委、辽宁省人委在分析工业企业、交通和基本建设战线存在问题的原因时指出：首先是各级领导干部存在官僚主义、主观主义；其次是部分企业领导干部有骄傲自满情绪，企业管理水平没有迅速提高。在农业生产上出现问题的原因是，省委在领导农业工作中存在着主观主义、官僚主义的毛病，某些重大措施的确定和实施，没有经过系统地、充分地调查研究和深思熟虑。

为促进工农业生产的迅速发展，中共辽宁省委、辽宁省人委采取一系列有力措施，保证完成生产计划。这些措施主要包括：在工业生产方面，深入开展先进生产者运动，提高劳动生产率。

---

① 《辽宁省人民委员会关于 1956 年工作总结和 1957 年主要任务的报告》，1956 年 12 月 20 日，辽宁省档案馆档案。

中共辽宁省委提出：自从工业生产新高潮出现以来，我省各工业部门的生产建设都取得了很大成绩，但是 1956 年上半年完成计划的情况并不理想。为提前和超额地完成全年计划，必须更进一步做艰苦的努力。因此，要加强党对社会主义竞赛的领导，广泛开展先进生产者运动。必须加强党的领导，全面地贯彻执行又多又快又好又省的方针，才能保证运动健康地发展。采取积极有效的办法，提高各级党组织的思想水平和政策水平，以领导先进生产者运动不断前进。生产领导者应及时分析生产的关键和薄弱环节，给职工群众指出具体的奋斗方向。要注意产品质量，注意安全，在好和省的基础上求多求快。支持和推广先进经验，是开展运动的中心环节，只有做好这个工作，才能达到先进带动落后，落后赶上先进，共同提高，不断前进的目的。为此，就要充分发挥广大职工群众的积极性。我们整个社会主义建设事业，就要充分发挥广大职工群众的积极性。我们整个社会主义建设事业，我们的一切工作，都必须依靠群众，依靠群众的自觉性和主动性。群众路线的领导方法，是唯一正确的领导方法。执行了群众路线，我们的工作就取得成绩；离开了它，我们工作就要发生错误甚至遭受失败。对于工业企业的管理，当然也必须贯彻执行群众路线。在工业企业中开展群众性的先进生产者运动，是正确的，必要的。绝不能因为在开展运动中所发生的各种偏差，就从根本上怀疑在工业企业中开展先进生产者运动的正确性和必要性。我们必须时刻不懈地发动职工群众，广泛开展先进生产者运动。要做到充分发挥职工群众的积极性，必须同时做好提高群众社会主义觉悟的思想工作和切实关心群众的生活福利。教育全体职工树立社会主义劳动态度，积极改善经营管理和提高技术水平，特别是学习技术，掌握和运用新技术，切实执行专业建议，不断提高劳动生产率。做好工资改革工作，健全奖励制度，改善劳动条件和生活条件，都是从物质方面来巩固群众劳动热情的必要措施。关心群众的生活福利，乃是贯彻执行在生产发展的基础上逐步改善群众生活这一社会主义原则[①]。

社会主义工业建设新高潮是指群众高度发挥积极性和创造性所创造的工业建设新形势，社会主义竞赛是对群众生产运动最概括的提法，先进生产者运动是当前社会主义竞赛的主要内容。这三者统一起来，最根本的问题是充分发挥职工群众的积极性和创造性。自 1956 年初开始出现的工业建设新高潮，由于开展先进生产者运动，有力地提高了劳动生产率。5 月末，中央 7 个工业部在辽宁所属厂矿产值完成 101.1%；劳动生产率完成 100.3%，40 种主要产品有 24 种超额完成计划。5 个月试制成功新产品 205 种，同时有 48 个单位提前达到了"一五"计划的生产水平[②]。

在深入开展先进生产者运动的同时，中共辽宁省委又向广大职工发出学习文化技术向科学进军的号召，提出加强对知识分子

---

① 李荒：《在中共辽宁省第一届代表大会上的闭幕词》，1956 年 7 月 11 日，辽宁省档案馆档案。

② 黄欧东：《在中共辽宁省第一届代表大会上的讲话》，1956 年 7 月 11 日，辽宁省档案馆档案。

的工作。随着 1956 年初开始的工业建设新高潮的出现，群众性的职工学习文化技术热潮亦随之兴起。到 6 月初，据辽宁 9 个市 14 个县的统计，参加各种文化技术学习的职工达 49.4 万人之多。为加强在工业建设新高潮中的知识分子工作，中共辽宁省委决定各单位党和行政管理部门指定专人负责组织工程技术人员和职员中高级知识分子制定向科学进军的计划，结合生产需要确定研究课题。对于知识分子，有使用不当、用非所学、用非所长的情况，应及时加以调整，以充分发挥知识分子的作用。中共辽宁省委还提出做好工资改革，正确贯彻执行奖惩制度，进一步加强生活福利劳动保护措施。

在农业生产方面，中共辽宁省委、辽宁省人委领导农民进一步发展生产，提高农民生活水平，整顿和巩固农业合作社。1956 年初，中共辽宁省委即指出：在完成工业生产和建设计划的同时，还要围绕工业建设这个中心加强对农业生产的领导。在实现农业合作化以后，农村的基本任务是领导农民进一步发展生产，提高农民生活水平，从经济、政治上巩固农业合作社，逐步实现农业技术改革，最后达到农业机械化。中共辽宁省委指出，巩固农业合作社的根本问题是全面发展生产，增加收入，为此要提倡勤俭办社方针，反对铺张浪费、滥用民力。同时，还指出农业合作化的收益分配是一项重大政策，必须坚持把总收入的 60%—70% 分给社员，以保证社员增加收入。在合作社的规模上，中共辽宁省委提出对现有的一部分初级社按生产需要、骨干条件、群众自愿和保证 90% 社员增加收入为依据，转为高级社或与附近高级社合并。合作社的规模应稳定几年不再变动，一乡一社的，地区已达三五百户，山区已达一二百户的，就不要再继续合并。

第三，根据中共中央相关精神制定了 1957 年的工作方针。从 1956 年初开始，全国经济建设上的冒进势头基本上得到遏制，但各地在编制 1957 年计划时，指标仍然过高。周恩来总理主张宁肯慢一点，稳当一点，1957 年预算指标压低一点；陈云也反复强调建设规模必须同国力相适应，制定计划必须做好物资、财政、信贷平衡。因此，在 1956 年 11 月 10 日召开的中共八届二中全会上，周恩来提出 1957 年的计划预算应实行"保证重点，适当收缩"的方针。

在辽宁省第一届人民代表大会第五次会议上，根据中共八届二中全会精神，辽宁省人委提出把 1957 年的计划订得积极可靠些，要体现"保证重点，适当收缩"的方针，对基本建设投资，工农业生产计划指标作了相应调整。经初步安排，1957 年工业总产值为 24.1 亿元，比 1956 年增长 12.2%。基本建设投资由于 1956 年比 1955 年骤增 75%，所以 1957 年将比 1956 年下降 34.9%。地方基本建设投资经国家批准为 9030 万元，较为紧张，要根据轻重缓急不同情况，认真贯彻"保证重点，适当收缩"方针，慎重安排，既保证重点，又要适当照顾一般，各种投资项目，都必须厉行节约，提高工程质量。

关于农业生产，1956 年春拟订生产 900 万吨粮食计划，这是冒进的，缺乏切实可行的根据。但实际上 1956 年粮食产量达 760 万吨。1957 年计划粮食生产 750 万吨，虽比 1956 年下降 10 万吨，但比正常年景还增长 6.4%。皮棉 54 万吨。在发展粮棉的同时，其他经济作物、畜牧业和多种经营也要作好安排。

商业工作应加强计划性，为生产服务、为消费者服务，扩大货源，做好供应工作，改善经营管理，降低流通费用，计划 1957 年社会商品零售总额为 30 亿元左右。

第四，根据中共中央指示精神，在指导思想上，提出正确进行两条战线斗争。在中共辽宁省第一届代表大会上，省委领导指出：在中共中央提出反右倾保守思想之前，领导上存在着严重右倾保守思想而不自觉，批判了右倾保守思想之后，又不自觉地在某些方面出现了盲目冒进的情绪。比如贯彻执行又多、又快、又好、又省的方针，产生了片面追求多、快，忽视好、省和突击加班加点、忽视安全的偏向。一些单位不作具体分析，不进行科学研究，盲目否定原有的一切规章制度，乱喊打破常规的口号，甚至形成一种政治压力，使正确的意见不得申诉，助长了轻举妄动，打乱了正常的生产秩序①。为此，中共辽宁省委要求必须进行两条战线的斗争，既反对保守主义，又要反对急躁情绪。在进行两条战线斗争的时候，必须实事求是，具体分析，有右倾保守思想就反对右倾保守思想，有急躁冒进就反对急躁冒进。区别两种倾向的标

---

① 黄欧东：《在中共辽宁省第一届代表大会上的讲话》，1956 年 7 月 11 日，辽宁省档案馆档案。

准就是客观实际的可能，凡是有了客观实际的可能而不去做的事，就是保守主义；凡是没有客观实际的可能而去做的事，就是急躁冒进。无论是保守主义或者急躁冒进，都是主观主义的。反对这两种偏向，就是克服主观主义。为此，中共辽宁省委决定在全省范围开始学习《改造我们的学习》等文件 [①]。

总体而言，社会主义改造基本完成以后，辽宁的形势是好的，中共辽宁省委、辽宁省人委制定的以工业建设为中心的社会主义建设计划、设想基本上符合中共八大精神；也符合辽宁省情特点和社会主义建设客观规律。中共辽宁省委、辽宁省人委的计划和设想，在 1956 年到 1957 年上半年的实际工作中也起了积极作用，推动了辽宁社会主义建设各项事业的发展。但是，从 1957 年反右派斗争开始，到 1958 年发动"大跃进"，上述这些有益的探索和正常的经济建设走上了"左"倾错误的道路。"大跃进""人民公社化"运动的失误与庐山会议后的反对右倾机会主义的斗争，造成了严重的危害，使辽宁省的国民经济面临严重的困难局面。

---

① 李荒：《在中共辽宁省第一届代表大会上的闭幕词》，1956 年 7 月 11 日，辽宁省档案馆档案。

二、开展增产节约运动

　　增加生产、勤俭节约是我国经济建设必须长期坚持的方针。增加生产与勤俭节约是我国社会主义事业发展的切实环节、积极举措和重要支撑，二者相辅相成、互相促进、相得益彰。增产节约运动是新中国成立后国家为促进国民经济高速增长，多次开展的一项增加财政收入、减少支出的群众性运动。在20世纪五六十年代的"二五"时期及国民经济调整时期，辽宁持续开展了增产节约运动。

　　1956年11月召开的中共八届二中全会，作出关于在全国范围内开展增产节约运动的决定。1957年2月8日，中共中央政治局通过《关于1957年开展增产节约运动的指示》。中共中央指出："我国的国民经济在1956年发生了根本的转变，表现了巨大的高涨。我国农业、手工业和资本主义工商业已经基本上完成了社会主义改造。"但是1956年的年度计划也有进展过快的缺点，并且在计划执行的某些方面放松了应有的控制。首先，基本建设发展的速度过高，摆的摊子过多；其次，职工人数增加过多；第三，1956 年提高职工的工资标准，但因职工人数增加过多，使工资总额和福利开支增加过多过急。此外，1956 年农业贷款的发放突破了原定计划。因此使社会购买力的增长大大超过了消费物资的增长，造成了市场上特别是城市中消费品供应的紧张局面。为此，中共中央发出在全国开展增产节约运动的指示："增产节约是发展社会主义经济、扩大社会主义积累的基本方法。为了达到增产节约的目的，不仅需要由政府作出正确的计划，而且主要地需要人民群众进行积极的努力。因此，开展群众性的增产节约运动，是一个经常性的任务。"与此同时，中共中央还对开展增产节约运动提出了具体要求 [1]。

中共辽宁省委积极贯彻执行中共中央关于开展增产节约运动的指示。1956 年 12 月 3 日至 10 日，中共辽宁省委召开一届二次全会，传达讨论了中共中央关于开展增产节约运动的指示精神，对开展增产节约运动进行部署，提出"全面开展，实事求是"的方针。会后各地作了传达讨论，不少地方和工矿企业结合总结 1956 年工作，积极地进行增产节约各项准备工作并开始发动群众。1957 年 2 月 11 日至 15 日，中共辽宁省委召开一届三次全体（扩大）会议，讨论了中共中央关于 1957 年开展增产节约运动的指示，决定以全面开展增产节约运动和加强思想工作为全年的中心

---

[1]　中共中央文献研究室：《建国以来重要文献选编》（第十册），中央文献出版社 2011 年版，第 24 页。

工作，并对开展增产节约运动又作出具体部署。之后，各市、地委都先后讨论了中共中央和中共辽宁省委的指示，并根据各地情况召开干部会议作了传达和动员，接着一个声势浩大的增产节约运动在全省范围内开展起来①。

1957年2月18日，中共辽宁省委发出《关于在工业、基建部门中迅速开展增产节约运动的通知》②。4月6日，中共辽宁省委办公厅发出《关于制订增产节约方案的几个问题的通知》，对制订增产节约方案时统一计算方法提出具体要求③。

1957年4月8日，辽宁省人委向全省通报锦州市、锦西县地方工业开展增产节约运动情况，介绍他们开展增产节约运动的作法和先进经验④。同日，辽宁省人委批转省工业厅《关于在增产节约运动中如何解决原材料困难问题的报告》并发出通报，将如何在增产节约运动中很好解决原材料困难的经验向全省作了介绍，以利于增产节约运动的进一步深入、持久开展⑤。

1957年4月11日至17日，中共辽宁省委召开全省工业政治

---

① 《进一步深入开展增产节约运动（草）》，1957年4月22日，辽宁省档案馆档案。
② 《中共辽宁省委关于在工业、基建部门中迅速开展增产节约运动的通知》，1957年2月18日，辽宁省档案馆档案。
③ 《中共辽宁省委办公厅关于制订增产节约方案的几个问题的通知》，1957年4月6日，辽宁省档案馆档案。
④ 辽宁省人民委员会：《关于锦州市、锦西县地方关于开展增产节约运动情况的通报》，1957年4月8日，辽宁省档案馆档案。
⑤ 《辽宁省人民委员会批转工业厅关于在增产节约运动中如何解决原材料困难问题报告的通报》，1957年4月8日，辽宁省档案馆档案。

工作会议。省委在就如何进一步领导增产节约运动问题提出 5 点意见：（1）加强思想工作，深入宣传增产节约运动的特殊意义；（2）开展劳动竞赛，大力学习与推广先进经验；（3）全面贯彻又多、又快、又好、又省和安全的方针；（4）加强企业管理与技术管理工作，提高企业管理水平，打破保守思想，向全国先进水平看齐；（5）开好职工代表大会，加强职工主人翁的责任感，提高职工群众的积极性、密切领导与群众的关系，改进领导，大力地推动增产节约运动在全省的进行①。

1957 年 4 月 19 日，中共辽宁省委就工业生产、基本建设和交通运输系统开展增产节约运动情况向中共中央作出报告。中共辽宁省委在报告中汇报了自中共八届二中全会以来，中共辽宁省委领导全省开展增产节约运动的情况。报告了自 1957 年 2 月以来，中共辽宁省委贯彻执行中共中央关于开展增产节约运动的指示，决定以全面开展增产节约运动和加强思想工作为全年的中心工作。通过增产节约运动的开展，加强了政治思想工作。在讨论和制定增产节约计划中贯彻群众路线，紧密结合当前生产，边发动群众边解决问题，这是开展增产节约运动的重要特点之一。中共辽宁省委决定进一步领导增产节约运动的深入开展，继续加强思想工作，宣传增产节约运动的重要意义，开展劳动竞赛，全面

①　《中共辽宁省委关于工业生产、基本建设和交通运输系统开展增产节约运动情况的报告》，1957 年 4 月 19 日，辽宁省档案馆档案；中共辽宁省委工业政治工作会议文件：《关于工业企业先进生产者运动和增产节约运动的几个问题》，1957 年 4 月 10 日，辽宁省档案馆档案。

贯彻又多、又快、又好、又省和安全生产的方针。中共辽宁省委认为："我省今年的增产节约运动基本上是健康的、正常的，是有领导有计划的逐步开展的。""当前的中心问题是：加强领导，进一步发动群众，深入持久地开展先进生产者运动，全面实现增产节约计划。"①

在 1957 年第一季度，辽宁的增产节约运动取得了一定的成绩和经验，主要表现在：（1）结合开展增产节约运动加强了政治思想工作，进行了比较充分的思想准备和思想发动；（2）依靠群众、发动群众，上下结合，制订增产节约计划；（3）紧密结合当前生产，开展增产节约运动；（4）组织推广先进经验，向先进水平看齐，是达到增产节约目的的有效方法②。

由于增产节约是一项全面开展的群众性运动，因此，在运动中也难免出现一些问题。如对运动缺乏具体领导，致使生产和基建工作质量有所下降，事故增多，有的企业计划完成得不好，劳动竞赛未普遍开展起来等等。中共辽宁省委经过调查了解情况后，先后于 1957 年 6 月 1 日和 6 月 20 日发出《关于抓紧增产节约运动的指示》和《关于迅速加强对增产节约运动领导的指示》。省委要求：各厂矿企业的领导干部要坚决深入下去，主动地解决增产节约运动和企业中具体矛盾；职工代表大会应以解决企业中具

① 《中共辽宁省委关于工业生产、基本建设和交通运输系统开展增产节约运动情况的报告》，1957 年 4 月 19 日，辽宁省档案馆档案。
② 《进一步深入开展增产节约运动（草）》，1957 年 4 月 22 日，辽宁省档案馆档案。

体矛盾开展增产节约运动为中心；工矿企业的整风要有利于集中力量帮助企业解决具体矛盾，抓紧增产节约运动的领导；工人阶级调查工作，可视具体情况作适当收缩，以便加强对当前增产节约运动的领导。省委要求："各市、地委接此指示后，立即召开会议研究部署，迅速行动起来。今后应加强对增产节约运动的经常领导，及时检查、研究和解决运动发展中存在的问题，抓紧交流经验，从而使增产节约运动有领导地深入持久地发展下去，保证 1957 年国家计划和增产节约计划的全面完成。"[①]

1957 年 11 月 22 日至 29 日，辽宁省召开第一届党代表大会第二次会议。中共辽宁省委书记处书记李涛代表省委作《全面开展增产节约运动，推进工业生产建设新高潮》报告。在总结 1957 年辽宁在工业战线取得的成绩后，李涛在报告中指出，一年来，在领导增产节约运动中，我们贯彻执行了中共中央提出的千方百计想尽一切办法克服困难的方针，并为实现这一方针采取了若干措施。但是，系统地、及时地批判和纠正消极保守思想是不够的，企业中的生产潜力，尚未充分挖掘出来。一年来开展增产节约运动的经验证明：企业中的增产潜力是很大的，浪费现象也是很严重的。要挖掘生产上的潜力，杜绝浪费，就要深入教育和广泛发动职工群众，批判和克服企业领导干部中的保守思想和消极情绪，

---

① 《中共辽宁省委关于抓紧增产节约运动的指示》，1957 年 6 月 1 日，辽宁省档案馆档案；《中共辽宁省委关于迅速加强对增产节约运动领导的指示》，1957 年 6 月 20 日，辽宁省档案馆档案。

深入开展增产节约运动，领导与群众结合，大家动脑动手，千方百计想尽一切办法克服困难，这样就能增产，就能节约。李涛指出：1958 年是我国发展国民经济第二个五年计划的第一年。在第一个五年计划期间，国家确定辽宁地区是重点建设地区之一，在党中央和毛主席的领导下，在全国各地的大力支援下，经过全体职工的努力，已超额完成生产和建设计划。1958 年的工业企业工作，将在 1957 年全面开展增产节约运动，胜利完成第一个五年计划的基础上来进行。因此，1958 年我省工业、基本建设、交通运输企业的中心任务，就是巩固和扩大整风运动的成果，进一步发扬社会主义民主，充分发动和组织广大职工群众，全力贯彻执行"勤俭建国、勤俭办企业"方针，全面贯彻"又多、又快、又好、又省和安全"方针，开展以增产节约为中心的社会主义劳动竞赛，推进社会主义建设新高潮，为完成 1958 年国家计划和增产节约计划而奋斗 [①]。

1957 年，辽宁省地方工业由于努力开展增产节约运动，保证了 1957 年计划的全面完成。工业总产值达 25.4 亿元（不包括手工业），超额完成计划 8%。在节约原材料方面，机械工业焦炭平均耗用较 1956 年降低 173 公斤（以万元定额计算）。上半年织布用纱每千米布平均用纱量较 1956 年同期降低 12.37 公斤。由

---

① 中共辽宁省委书记处书记李涛在省第一届党代表大会第二次会议报告：《全面开展增产节约运动，推进工业生产建设新高潮》，1957 年 11 月 22 日，辽宁省档案馆档案。

于产品的增产、质量的提高和原材料的节约，随之降低了产品成本，增加了利润积累。可比产品成本较计划降低 3.45%，降低额为 1700 万元，全年利润总额达到 2.02 亿元，超过计划 4.3%，多给国家积累利润 800 万元。上述情况表明，1957 年辽宁全年地方工业的增产节约运动，保证了工业生产的顺利进行和计划的超额完成，并有力地推动着地方工业向前发展。

1957 年开展增产节约运动的主要成绩有以下几个方面：（1）领导作风有了改进，企业内部民主有了进一步的发扬，广大职工群众生产积极性和创造性空前提高，在生产中积极认真地提出合理化建议，学习和推广先进经验。（2）在 1957 年原材料供应十分紧张的情况下，增产节约运动开始就抓住了增产原材料和节约原材料的关键，发动群众千方百计地挖掘物资潜力，积极解决原材料问题。（3）在保证产品质量的基础上利用旧废料代替好料及采用代用品使已有资源充分发挥作用，废料重新创造新价值。（4）注意清理企业库存物资进行调剂、互通有无的方法。在企业中挖掘出大量不合理的超储或积压物资，进行调剂，调动了企业之间的相互支援的积极性，解决了不少问题[①]。

1958 年开始的"大跃进"，不顾成本、盲目追求高速度、高指标，工业以钢为纲，全民大炼钢铁，造成了极大浪费，国民经济比例严重失调，根本违背了增产节约宗旨，因此，增产节约更

[①]　辽宁省计划委员会：《报送辽宁省地方工业 1957 年增产节约运动情况的初步总结》，1957 年 12 月 31 日，辽宁省档案馆档案。

是无从谈起。

1959 年庐山会议的"反右倾"，在经济上造成了严重后果，打断了纠"左"的积极进程，掀起了继续"跃进"的高潮①。因此，虽然中共辽宁省委在 1959 年提出增产节约的要求，但是，在"大跃进""反右倾"的形势下，难以真正形成卓有成效的群众运动。

由于 1959 年第一季度的原煤生产计划与辽宁全省各地报请需要煤炭的计划相差很大，而 1 月上旬仅完成旬计划的 69.39%，造成了煤炭供应的紧张局面。1959 年 1 月 19 日，中共辽宁省委发出《关于积极开展煤炭增产节约运动的指示》，要求"全党全民必须紧急动员起来，与大搞交通运输相结合，在全省范围内开展煤炭的增产和节约运动②。

1959 年 4 月，在辽宁省工业先进生产者代表会议上，中共辽宁省委常委、副省长仇友文代表省委和省人委向大会作《全省职工动员起来，深入开展增产节约红旗竞赛运动，为完成和超额完成 1959 年国家计划而奋斗》报告。省总工会根据会议提出的"以钢为纲，全面跃进"口号，发出"把增产节约红旗竞赛运动推向新高潮"的号召③。

---

① 薄一波：《若干重大决策与事件的回顾》（下卷），中共中央党校出版社 1993 年版，第 871—872 页。
② 《中共辽宁省委关于积极开展煤炭增产节约运动的指示》，1959 年 1 月 19 日，辽宁省档案馆档案。
③ 辽宁省总工会副主席董雨航在辽宁省工业先进生产者代表会议上的讲话：《把增产节约红旗竞赛运动推向新高潮》，1959 年 4 月 20 日，辽宁省档案馆档案。

1959 年 8 月 10 日，中共辽宁省委召开广播大会，全省 500 多万人收听了广播。中共辽宁省委书记处书记杨春甫在会上讲话，代表省委号召全省人民行动起来掀起增产节约新高潮，大干 8、9 两个月，迎接国庆 10 周年[①]。

由于煤炭的生产和供应紧张，中共辽宁省委于 1959 年 7 月 15 日发出《关于全面开展煤炭增产节约运动的紧急指示》；9 月 25 日又批转省工业生产委员会《关于我省当前煤炭节约情况的报告》。省委指示，要进一步充分发动群众，采取有效措施，力争提前和超额完成省规定的煤炭增产节约指标[②]。

1959 年 8 月 2 日至 16 日，中共八届八中全会在庐山召开，会议通过《关于开展增产节约运动的决议》[③]。决议指出："在厉行增产的同时，必须厉行节约。一面增产，一面节约，勤俭建国，勤俭办人民公社，勤俭办一切企业事业，勤俭持家，这是我们国家的富强之道，这也是争取完成和超额完成今年计划的关键。"[④]

1959 年 9 月 5 日至 22 日，中共辽宁省第二届代表大会第一次会议召开。省委第二书记黄欧东代表上届省委向大会作《贯彻

---

① 《辽宁日报》，1959 年 8 月 11 日第一版。

② 《中共辽宁省委批转省工业生产委员会关于我省当前煤炭节约情况的报告》，1959 年 9 月 25 日，辽宁省档案馆档案。

③ 中共中央文献研究室编：《周恩来年谱（1949—1976）》（中卷），中央文献出版社 1997 年版，第 246 页。

④ 辽宁省妇联、共青团辽宁省委、省粮食厅、中国人民银行辽宁分行：《为深入开展增产节约运动，掀起一个勤俭持家宣传高潮的联合通知》，1959 年 10 月 24 日，辽宁省档案馆档案。

执行八届八中全会决议、反对右倾,鼓足干劲、开展增产节约运动》报告。黄欧东指出,厉行增产节约必须全面贯彻执行多快好省的方针;在增产节约运动中,必须特别注意提高产品和工程质量;在增加生产的同时,必须厉行节约,克服各种浪费现象;一切企业都必须制定先进而可靠的增产节约计划,用来组织和调动广大群众的生产积极性;在开展增产节约运动中,必须继续加强党的领导。黄欧东指出:"我们这次党代表大会的任务,就是贯彻执行八届八中全会的决议,反对右倾,鼓足干劲,开展增产节约运动。"[①]9月22日,中共辽宁省第二届代表大会第一次会议通过《关于贯彻八届八中全会决议,开展增产节约运动的决议》[②]。

1959年10月24日,辽宁省妇联、团省委、省粮食厅、中国人民银行辽宁分行发出《为深入开展增产节约运动,掀起一个勤俭持家宣传高潮的联合通知》。通知指出:党的八届八中全会在关于开展增产节约运动的决议中指出"在实行增产的同时,必须厉行节约,一面增产一面节约,勤俭建国,勤俭办人民公社,勤俭办一切事业,勤俭持家,这是我们国家的富强之道""一定要在一切居民中,提倡节约,克服浪费"。号召"我们要在党委统一领导下,结合增产节约运动,立即在全省范围内掀起一个勤俭

---

① 中共辽宁省委第二书记黄欧东在中共辽宁省第二届代表大会上的工作报告:《贯彻执行八届八中全会决议、反对右倾,鼓足干劲、开展增产节约运动》,1959年9月17日,辽宁省档案馆档案。
② 《中国共产党辽宁省第二届代表大会第一次会议关于贯彻八届八中全会决议,开展增产节约运动的决议》,1959年9月22日,辽宁省档案馆档案。

持家的宣传高潮"。①

　　1959 年 10 月 20 日至 24 日，辽宁省交通厅、商业厅在抚顺召开节约石油经验交流现场会，会上交流了抚顺节约石油的经验。中共辽宁省委于 11 月 23 日转发省交通厅党组、省商业厅党组关于在抚顺召开节约石油经验交流现场会的报告。省委要求，"各地进一步加强对节约石油工作的领导，大力地推广抚顺和各地的成功经验，并不断总结新的经验，从而发挥群众更大的积极性，节约更多的石油，以有力地支援国家经济建设和保证工农业生产继续跃进的需要"。②

　　由于"大跃进"造成了工业生产的不平衡，使辽宁工业生产所需的原料、材料在产需之间的矛盾日益突出。为此，1960 年 3 月 4 日，中共辽宁省委发出《关于开展大抓原材料增产节约运动的指示》。省委要求："立即在全省范围内开展一个以增产原材料为中心的，全面大动员的工业抗旱运动。大力推广'产、节、挖、调、收、加、代、找、新、借、统、抓、利、捞、综'等方法，把这一运动搞深、搞透。"为切实做好这项工作，省委还提出 4 项具体要求③。

---

① 辽宁省妇联、共青团辽宁省委、省粮食厅、中国人民银行辽宁分行：《为深入开展增产节约运动，掀起一个勤俭持家宣传高潮的联合通知》，1959 年 10 月 24 日，辽宁省档案馆档案。
② 《中共辽宁省委转发省交通厅党组、省商业厅党组关于在抚顺召开的节约石油经验交流现场会的报告》，1959 年 11 月 23 日，辽宁省档案馆档案。
③ 《中共辽宁省委关于开展大抓原材料增产节约运动的指示》，1960 年 3 月 4 日，辽宁省档案馆档案。

1960 年 7 月 5 日至 8 月 10 日，中共中央在北戴河召开工作会议，会议通过《关于开展以保粮、保钢为中心的增产节约运动的指示》。

1960 年 8 月 18 日，中共辽宁省委发出《关于深入开展增产节约石油运动的指示》。1960 年上半年，全省节约石油 2.4 万吨，完成全年节约计划的 38%。由于下半年国家进口石油减少，第三季度国家分配的石油指标低于第一、二季度水平，为保证全年工业生产、交通运输计划的完成，省委要求，"各地必须继续充分发动群众，加强组织领导，全面地、深入地开展增产节约石油运动"。①

为进一步贯彻中共中央关于开展以保粮、保钢为中心的增产节约运动指示精神，辽宁省工业生产委员会、省机械工业厅于 9 月 22 日至 28 日召开各市工业生产委员会主任、机械（电器）工业局长会议。会议研究了如何确保我省机械工业所承担重点产品任务问题，对保钢、保煤所必需的设备维修任务的安排问题进行了讨论。会议作出关于全省机械工业深入开展以保粮、保钢为中心的增产节约运动，确保重点产品任务完成的决定。10 月 30 日，中共辽宁省委批转了省工业生产委员会、省机械厅党组的报

---

① 《中共辽宁省委关于深入开展增产节约石油运动的指示》，1960 年 8 月 18 日，辽宁省档案馆档案。

告①。

1960年11月11日，辽宁省工业生产委员会发出《关于立即开展大规模节约煤炭运动的通知》。通知指出，年初以来，广大群众创造了许多节煤经验，但是目前全省的煤炭供应仍然十分紧张，为此，省工业生产委员会决定，"除尽可能提高煤炭生产外，必须立即开展大规模的节约煤炭运动"。省工业生产委员会要求，进一步抓紧推广一切行之有效的节煤经验。同时，必须立即在全省范围内开展一次大规模的煤炭清理工作；集中使用运力，突击抢运市场用煤②。12月8日，中共辽宁省委批转了省总工会党组《关于推广节约煤炭经验的报告》。省委指示，要本着自力更生，因陋就简的精神，迅速努力推广节约煤炭的各项先进经验，不要贪洋贪大③。

1961年1月14日至18日，中共八届九中全会召开。会议正式通过对国民经济实行"调整、巩固、充实、提高"的八字方针。1月20日至25日，中共辽宁省委召开全省、各市主管工业书记、省直各工业厅局党组书记会议，传达中共八届九中全会精神。

1961年3月7日，中共中央东北局发出《关于在工业交通战

---

① 《中共辽宁省委批转省工委、省机械厅党组〈关于机械工业深入开展以保粮保钢为中心的增产节约运动，确保重点产品任务完成的报告〉》，1960年10月30日，辽宁省档案馆档案。

② 辽宁省工业生产委员会：《关于立即开展大规模节约煤炭运动的通知》，1960年11月11日，辽宁省档案馆档案。

③ 《中共辽宁省委批转省总工会党组关于推广节约煤炭经验的报告》，1960年12月8日，辽宁省档案馆档案。

线开展增产节约运动的指示》。东北局指出，"根据当前的国民经济情况，工业交通战线的增产节约运动应以煤、木、电为中心"。东北局要求，一要做好向群众宣传工作；二要广泛深入地开展技术革新、技术革命；三要加强企业管理，建立健全各种必要的规章制度；四要一手抓生产、一手抓生活，一手抓生产、一手抓准备；五要各级领导认真转变作风。一切从实际出发，正确执行党的政策，以保证增产节约运动的健康发展和国家计划的全面完成[①]。

1962年1月，中共中央召开"七千人大会"，统一了全党认识，真正开始扎扎实实的全面调整，使"八字方针"落到了实处[②]。

中共辽宁省委认真贯彻执行"七千人大会"精神，在政治关系调整、减少城镇人口、精简职工、调整工业等方面取得很大成绩。经过两年努力，到1962年全省减少城镇人口173.2万人[③]，精简职工100.7万人，调整工业企业，裁撤合并县以上全民所有制企业1774个[④]。

1962年，辽宁工业、交通、基本建设部门开展以"五好"为主要内容的增产节约运动，取得很大进展。主要特点是：中心明

---

① 《中共中央东北局关于在工业交通战线开展增产节约运动的指示》，1961年3月7日，辽宁省档案馆档案。

② 薄一波：《若干重大决策与事件的回顾》（下卷），中共中央党校出版社1993年版，第899页。

③ 《中共辽宁省委转报省委精简小组〈关于精减工作进行情况及1963年安排意见〉》，1962年12月7日，辽宁省档案馆档案。

④ 《中共辽宁省委关于工业、交通、基本建设企业政治工作会议的报告》，1963年1月12日，辽宁省档案馆档案。

确；扎扎实实；运动与经常工作结合很好，保持了正常生产指挥系统；注意发挥先进人物作用。运动的形式多种多样：有质量升级、设备升级、提高概率（成品率、回收率等）、班组经济核算，特别是职工技术协作活动，已发展到 10 个市、3 万多人，革新技术 7000 多项，解决重大技术问题 9000 多个①。

1962 年 12 月 5 日，国务院副总理薄一波在全国工交工作会议上提出："为完成 1963 年国家所规定的计划和各项任务，必须继续深入发动群众，广泛开展增产节约运动。""首先应当把工业工作转移到以农业为基础的轨道上来，把支援农业技术改革、增产日用工业品、加强工业薄弱环节，全面完成国家计划，作为增产节约运动的主要任务；其次要广泛组织好'五好'企业和先进车间、先进班组、先进生产者的劳动竞赛；第三在增产节约运动中，要引导群众进行技术革新，挖掘企业内部潜力；第四增产节约运动要与加强企业管理工作密切结合②。"

1962 年 12 月 18 日至 28 日，中共辽宁省委召开全省工业、交通、基本建设企业政治工作会议。会议讨论了如何把工业工作转移到以农业为基础的轨道上来和增产节约运动问题③。

---

① 《中共辽宁省委关于工业、交通、基本建设企业政治工作会议的报告》，1963 年 1 月 12 日，辽宁省档案馆档案。
② 《薄一波在全国工交工作会议上的发言》，1962 年 12 月 5 日，辽宁省档案馆档案。
③ 《中共辽宁省委关于工业、交通、基本建设企业政治工作会议的报告》，1963 年 1 月 12 日，辽宁省档案馆档案。

　　1963 年 1 月 4 日，中共辽宁省委发出《加强工业交通企业党的领导，广泛深入开展增产节约运动，大力支援农业的指示》[①]。

　　1963 年 3 月 1 日，《中共中央关于厉行增产节约和反对贪污盗窃、反对投机倒把、反对铺张浪费、反对分散主义、反对官僚主义运动的指示》中，关于增产节约运动问题，中共中央指出，"各部门、各地区进一步开展增产节约运动，必须根据本部门、本地区的具体条件，提出明确的方向和具体的奋斗目标，必须把放手发动群众同加强集中领导、加强企业管理和健全规章制度很好地结合起来"。第一要厉行节约，扭转亏损，增加赢利；第二要努力提高质量；第三要增加品种、规格，增加产量；第四要加强企业管理；第五要开展增产节约的劳动竞赛[②]。

　　1963 年 3 月 11 日至 22 日，中共辽宁省委召开二届八次全委（扩大）会议，传达中共中央精神，会议就中共中央部署的关于厉行节约和深入开展"五反"（即反对贪污盗窃、反对投机倒把、反对铺张浪费、反对分散主义、反对官僚主义）运动及在农村进行"四清"（即清理账目、清理仓库、清理财务、清理工分），进行了讨论。

　　4 月 3 日，中共辽宁省委作出《关于开展增产节约和五反运动的规划》。根据中共中央和东北局的指示精神，省委决定立即

---

① 《中共辽宁省委关于加强工业交通企业党的领导，广泛深入开展增产节约运动，大力支援农业的指示》，1963 年 1 月 4 日，辽宁省档案馆档案。
② 中共中央文献研究室：《建国以来重要文献选编》（第十六册），中央文献出版社 2011 年版，第 153-155 页。

在全省范围内分批分期地大张旗鼓地开展增产节约和"五反"运动①。

4月6日至13日，中共辽宁省第三届代表大会第一次会议召开。省委第一书记黄火青代表上届省委作《高举三面红旗迎接社会主义建设新高涨》报告。黄火青在报告中谈到开展增产节约运动问题时指出："这是保证1963年的国民经济计划和国家财政预算的完满实行，争取经济情况进一步全面好转，保证我国社会主义建设事业顺利发展的重大措施。"黄火青指出，中共八届十中全会以后，辽宁在工商企业中，首先是在工业企业中，初步开展了增产节约运动，在促进生产、加速调整、改进管理、扭转亏损等方面，取得了一定成绩。这次运动按中共中央要求，在经济部门中一般应分为三个阶段进行：第一阶段，在讨论落实国家计划、制定增产节约措施计划基础上，把增产节约运动切实开展起来，在运动中，除了突出地抓质量、品种和经营管理外，要同时结合反对生产中的损失浪费和进行安全大检查；第二阶段，结合增产节约反对铺张浪费，反对特殊化，健全工作制度，改进干部作风，并解决部分职工中存在的公私不分、小拿小摸等问题；第三阶段，再结合增产节约和整顿制度，大张旗鼓地开展群众性的反对贪污，反对投机倒把运动。在运动中必须自始至终地以增产节约为中心。当前增产节约运动，应把扭亏增盈；提高质量，减

---

① 《中共辽宁省委关于开展增产节约和五反运动的规划》，1963年4月3日，辽宁省档案馆档案。

少次品、废品；增加品种规格和产量；加强企业管理作为主要内容。在各级领导机关和其他事业单位中，也必须根据具体情况，积极开展厉行节约、反对浪费的运动①。

在增产节约运动中，中共辽宁省委注意抓典型、搞调查研究指导运动的进行。1963 年 5 月 13 日，中共辽宁省委批转沈阳市第四建筑工程公司党委关于发动群众开展增产节约运动的初步总结。沈阳市第四建筑工程公司开展增产节约运动推动了生产，提前 5 天完成第一季度生产计划，工程质量优等品率达到 96%，竣工率 78%。中共辽宁省委在批示中指出，各地在增产节约和"五反"运动的第一阶段，都应当抓住反浪费这个环节，深入广泛地发动群众。在发动群众时，还应当注意发挥技职人员作用，加强生产、技术管理，建立与健全各项管理制度，特别是各项责任制度，使群众运动和科学管理结合起来，把运动搞得既轰轰烈烈，又扎扎实实②。

1963 年 6 月 14 日，中共辽宁省委召开增产节约和"五反"运动座谈会。省委第二书记黄欧东在会上作了总结。全省 43 个县，已有 40 个县于 4 月下旬至 5 月上旬，在县直工业、财贸系统开

---

① 中共辽宁省委第一书记黄火青在中共辽宁省第三届代表大会第一次会议上的报告：《高举三面红旗迎接社会主义建设新高涨》，1963 年 4 月 6 日，辽宁省档案馆档案。

② 《中共辽宁省委批转沈阳市第四建筑工程公司党委关于发动群众开展增产节约运动的初步总结》，1963 年 5 月 13 日，辽宁省档案馆档案。

展了增产节约运动，取得了初步成效①。

1963 年 6 月 27 日至 7 月 5 日，中共辽宁省委召开全省工业会议，各市委主管工业的书记、工业部长、经（计）委主任参加会议。省委第一书记黄火青作报告。黄火青指出，这次运动（增产节约运动）广大职工群众比较充分发动起来了。这次不管行政管理人员，技术人员，大家都一致地行动，积极地工作。只要我们坚持这些经验，戒骄戒躁，进一步开展增产节约运动，下半年的形势会更好②。省委书记处书记胡亦民在会上作《继续深入开展增产节约和"五反"运动，为全面完成和超额完成今年的国家计划而奋斗！》报告③。

8 月 30 日，中共辽宁省委为适应工作需要，对增产节约和"五反"运动领导小组的任务和成员进行调整。其中有关增产节约运动的工作分别由省直各有关部门负责。省委增产节约和"五反"运动领导小组除原有的黄欧东、李荒、胡亦民、徐少甫、杨子谦、曲径、张铁军、张庆泰、王堃骋、金直夫、刘异云等 11 人外，

① 《中共辽宁省委批转黄欧东同志"关于当前增产节约和五反运动的基本情况和今后意见的报告"》，1963 年 6 月 25 日，辽宁省档案馆档案。
② 《省委第一书记黄火青同志在全省工业工作会议上的报告（记录稿，未经本人审阅）》，1963 年 7 月 4 日，辽宁省档案馆档案。
③ 胡亦民同志在省委工业工作会议上的报告：《继续深入开展增产节约和"五反"运动，为全面完成和超额完成今年的国家计划而奋斗！》（修改稿），1963 年 6 月 27 日，辽宁省档案馆档案。

又增加了孙丰等 7 人 [1]。

在中共辽宁省委领导下，1963 年辽宁省的增产节约运动取得了显著效果。全年节约煤炭 150 万吨，电 5 亿度，木材 20 万立方米。工业总产值达到 115.9 亿元。主要产品多数超额完成国家计划，1769 种主要产品中，有 1469 种赶上或超过 1957 年水平，有些已步入国内先进水平的行列。产品总成本比 1962 年降低 8%，全员劳动生产率提高 17.16%。工业生产技术的面貌也起了很大变化。合成纤维、合成塑料、无线电和精密仪表、农业机械以及一些新兴的化工、石油等工业部门不断地发展壮大，许多过去不能生产的产品，现在可以生产了，许多过去需要进口的，现在我们自己能够制造了 [2]。

总体来说，辽宁在 20 世纪五六十年代开展的增产节约运动中，把"三高两低"（三高，即：产量高、质量高、劳动生产率高；两低，即：消耗低、成本低）作为增产节约的主要内容，把节约原燃料、动力作为重点。既提倡敢想、敢说、敢干，又十分注意按客观经济规律办事，把革命精神和科学态度结合起来；既提倡实干、苦干，又善于巧干，把技术革新和技术革命活动广泛开展起来；既贯彻

---

[1] 《中共辽宁省委关于省委增产节约和五反运动领导小组的任务和成员调整的通知》，1963 年 8 月 30 日，辽宁省档案馆档案。

[2] 辽宁省经济委员会：《关于 1963 年增产节约运动的专题总结》，1963 年 12 月 7 日，辽宁省档案馆档案；辽宁省三届人大第一次会议陶惕成代表发言：《在胜利的增产节约运动中，迅速完成调整任务，为迎接新的生产高潮而奋斗！》，1963 年 12 月，辽宁省档案馆档案。

物质鼓励、按劳付酬的原则，又大力加强思想政治工作，把经济
手段和共产主义思想教育结合起来；既关心搞好职工生活，又教
育职工发扬艰苦奋斗的优良传统和作风，把职工的当前利益和长
远利益结合起来，从而保证了增产节约运动逐步深入并取得了切
实成效。

三、"大跃进"运动的开展及其消极影响

探索难免会出现失误；失误是反面经验，也是一种"学费"、甚至是昂贵的"学费"。辽宁在探索社会主义建设道路的实践中，受涵盖全国"左"的思想影响，也不可避免地出现了"大跃进"的失误。由于忽视客观经济规律、急于求成，使经济建设和社会发展遭受了重大挫折。这一深刻教训必须认真汲取，时刻铭记。

（一）宣传社会主义建设总路线，重新确定经济发展指标

"一五"计划顺利完成后，随着整风运动和反右派斗争的发展，中国共产党内在经济建设中的"左"的思想倾向开始显现。1956 年下半年，有人曾经提出反冒进和搞综合平衡的正确主张，但并没有被重视和采纳。相反，从 1958 年春开始，中共中央召开一系列会议，专门针对 1956 年的反冒进提出批评，而对"大跃进"予以肯定和支持。1958 年 5 月，中共八大二次会议召开，

提出"鼓足干劲，力争上游，多快好省建设社会主义"的社会主义建设总路线。客观地看，社会主义建设总路线的提出，反映了党和广大人民群众迫切要求改变中国经济文化落后状况的普遍愿望；体现了以毛泽东为核心的中共第一代领导集体关于社会主义建设的思路。但是，由于这条总路线是在批评反冒进的过程中形成的，是在急躁冒进、急于求成的思想指导下制定的，因而存在着严重缺陷。主要是片面强调经济建设的发展速度，过分夸大人的主观意志和主观努力的作用，忽视了经济建设所必须遵循的客观规律和量力而行、实事求是的原则。其直接后果就是促进了急于求成的"左"倾错误的急剧发展。中共八大二次会议结束后，全国迅速掀起"大跃进"运动。

为传达贯彻中共八大二次会议精神，中共辽宁省委于1958年5月30日至31日召开全省市、地委书记会议。提出：全党干部要正确地领会与掌握总路线，使总路线成为全省人民群众共同思想、共同意志与共同行动的指针；使总路线成为指导全省各个方面工作前进的灯塔，使全省在总路线的照耀下出现一个思想大解放、工作"大跃进"的新局面。会议决定立即在全省范围内大张旗鼓地、迅速深入地宣传、学习、贯彻总路线，形成一个声势壮阔的群众运动。6月1日，中共辽宁省委做出《关于开展总路线宣传运动的决定》。随后，沈阳、鞍山、抚顺、锦州、辽阳、安东（今丹东）、盖平（今盖州市）、海城、新宾等市县，掀起宣传社会主义建设总路线活动。

　　在学习贯彻社会主义建设总路线过程中，中共辽宁省委注重批判"保守思想"，并重新确定了全省经济发展指标。在1958年5月30日的市、地委书记会议上，关于学习、宣传总路线的主要目的，中共辽宁省委提出，在工业方面要保证完成"跃进"规划的最高指标；在农业方面要保证完成粮食、猪肉、蔬菜一年"三自给"；在教育方面要保证提前完成扫盲任务，一年普及小学教育，大办中学和高等专科学校。并提出必须破除迷信，解放思想，打破右倾保守及教条主义、经验主义等等使人不敢想、不敢做的思想束缚。思想解放是保证贯彻总路线的关键，所以要有敢想、敢说、敢做的革命气概；有建设的雄心，要相信群众、放手发动群众。6月2日，《辽宁日报》发表《宣传总路线，到处插红旗》的社论指出："在毛泽东同志的教导和总路线的光辉照耀下，我省人民和干部思想已经得到很大的解放，从而使我省的整风和生产双双'跃进'，使我们提出了振奋人心的促进农业生产的'大跃进'的'一年三自给'的口号，而且在今年实现这个口号是有条件的。""有数不尽的事实可以证明，思想有解放，工作就有'跃进'，思想有大解放，工作就有'大跃进'，有飞跃的发展，这是符合发展规律的。"①

---

① 《辽宁日报》，1958年6月2日第一版。

（二）"大跃进"运动的开展

中共八大二次会议后，"大跃进"运动在全国范围内从各方面开展起来。在全国出现"大跃进"的形势下，辽宁也开始了"大跃进"运动。

辽宁省的"跃进"形势，从1957年末到1958年春，首先从农业战线开始出现。"大跃进"首先从农业"跃"起，这既是全国"大跃进"的共同趋势，也有辽宁的特殊情况和原因。辽宁是工业大省，但农业则相对落后，粮食不能自给，农副产品不足。从1952年到1955年，辽宁粮食产量一直徘徊在五六百万吨的水平。虽然1956年粮食获得了大丰收，总产量达到743.2万吨，但1957年又回落到587万吨。

1957年11月22日至28日，中共辽宁省委一届二次会议召开，会议提出：必须彻底克服右倾思想，把整风进行到底，领导全省人民掀起一个工农业生产新高潮。在农业生产方面提出为实现全国农业发展纲要，必须坚决贯彻执行在优先发展重工业的前提下，实行工农业同时并举的方针，全力巩固合作社，建设山川，发展农业生产。争取在5年内使粮食总产量达到950万吨，做到全省人民吃粮自给，3年内全省农业生产提高30%至40%，使全省农业社的生产水平和收入水平都赶上或超过富裕中农水平。12

月14日,《辽宁日报》发表消息说:全省职工以无比信心响应党中央的号召,决心15年赶上英国工业水平,沈阳、旅大、鞍山、抚顺、本溪等市组织各种活动,表达职工的决心,促进生产建设高潮,迎接第二个五年计划。与此同时,在12月29日闭幕的辽宁省第八次计划会议上提出了以发展农业为中心、全面发展地方经济的计划。计划指出,为了推动各项事业不断跃进,必须和各种右倾保守思想作顽强斗争,以便在好省的基础上尽量更多更快地发展生产。计划会议提出农业以增产粮食为中心,力争全面增产,1958年粮食产量要达到784万吨,比1957年提高20%左右;生猪647万头,比1957年增加200万头。实现农业增产的主要措施是兴修农田水利,防洪排涝,扩大高产作物面积等。为了实现这个计划,要掀起农业生产高潮。

1958年1月27日,辽宁省农业建设积极分子代表会召开,辽宁省人委领导作了《鼓足干劲,推进生产高潮,为实现1958年农业"大跃进"而奋斗》的报告。这个报告再一次提出农业生产主要指标:粮食总产800万吨;皮棉6.67万吨;5年内吃粮基本自给,2年猪肉自给,1年蔬菜自给,号召提前4年全省实现农业纲要指标。会议再一次强调,实现农业"跃进",必须有"跃进"思想,批判了右倾保守思想,农业生产就可"跃进"。此次会议后,3月2日至7日,中共辽宁省委召开全省农村工作会议,批判了1956年下半年至1957年上半年反冒进问题,深入反对右倾保守思想,重新订出了高指标的农业生产规划。第一,提出一年"三自给",即粮食、猪肉、蔬菜一年自给。1958年粮食产量达到800万吨到1000万吨,当年秋后不再向国家要粮;生猪达到1000万头。第二,3年实现农业发展纲要的粮食指标。各县亩产达到600斤;一部分县"跨黄河",达到500斤;一部分社"跨长江",达到800斤,1年内全省农民经济收入达到富裕中农水平。事隔几天,这个指标又有大幅度提高。《辽宁日报》在3月9日发表的《大干六十天》社论里,提出大干60天,保证完成1000万吨,争取完成1300万吨粮食的任务,并说这是一个打破常规的、大胆的计划。实现这个计划的首要措施是全力大搞水利。接着,举行农业"跃进"誓师广播大会,宣布开原、昌图等9县计划亩产千斤。3月下旬,为推动农业"跃进",中共辽宁省委组织了全省农业"跃进"评比,认为全省农业生产"大跃进"的高潮已经广泛深入地、迅猛异常地开展起来,其特点是来势猛、行动快、情绪高、劲头大,一日千里。

为了实现农业生产"大跃进",1957年冬,中共辽宁省委、辽宁省人委根据中共中央"十年看三年,三年看头年,一年之计在于冬"的指示精神,在全省范围内开展了以农田水利建设和积肥为中心的大生产运动。解放军指战员、学生、城镇居民、厂矿职工等纷纷到农村献工,参加水库建设和修梯田劳动。行动最快的是安东地区,截至1958年3月18日,已经出工1000多万个,建成大小水库、塘坝590多座。3月20至25日,全省第一次农业生产"大跃进"评比会议在安东县召开,会议肯定了安东县的成绩和做法，提出了农业生产再跃进的要求。会后，全省范围内的兴修水利运动再掀高潮。5月6至11日，全省农业生产"大跃进"第二次检查评比大会在新宾县召开，会议再一次展示了"大跃进"的"奇迹"：从1957年冬到1958年初，全省累计建成大小水库1300多座，塘坝5.8万个，深井和普通井8.8万眼。安东、新宾、桓仁等11个县宣布实现了水利化。

1958年7月以后，在全省范围内广泛开展了"卫星田"运动。营口、庄河、北镇、抚顺等12个市、县上报的"卫星田""火箭田""冒尖田""高产田""大王田"等达210万亩。增产计划指标开始是亩产玉米1500公斤、水稻2000公斤，后来出现了水稻亩产5000公斤、红薯5万公斤的高产计划。由于生产计划不切实际，因此秋后各地普遍虚报产量。10月11日，新民县（今新民市）发出了玉米亩产1500公斤的消息，随后各地"高产卫星"竞放。为了创造"高产卫星"，有的地区竟将十几亩地收获的粮食集中到一亩地中，拍下照片，公之于报。在这种形势下，1958年辽宁全省粮食总产量达700多万吨。但在总结当年农业生产工作时，省委、省人委领导仍认为辽宁农业生产发展速度过慢，未能实现粮食、猪肉、蔬菜"三自给"，原因是思想还没有彻底解放。因此，决定利用1958年秋到1959年春这段时间，在全省掀起一个农业大翻身运动。具体内容：一是大搞深翻地，1958年秋要求深翻地4500万亩，其中深翻0.33—0.5米的要达到3000万亩，深翻0.66米以上的要达到1500万亩，"卫星田"要深翻1米以上；二是大干一冬天，到 1959 年春基本实现全省水利化；三是增加施肥量，提高粪肥质量；四是实现主要作物密植和良种化。1958 年 10 月 8 日，中共辽宁省委召开大搞深翻地广播誓师大会。截至 12 月初，全省经过深翻的土地达到 1845 万亩。深度在 0.4—1.17 米之间。深翻地运动浪费了大量的人力和物力，影响了当年的秋收工作，使 1958 年农业生产未能丰收；更严重的是深翻土地把生土翻上来，破坏了土地的营养层级和成分，造成了此后几年的粮食减产。

1958 年上半年，辽宁工业战线也发动了"大跃进"。1957 年 1 月，中共辽宁省委第一书记黄欧东在中共辽宁省一届二次会议上的报告中就提出，辽宁作为国家重工业基地之一，要充分利用现有工业设备能力，努力做好新建、扩建工程，大力发掘潜力，以充分发挥工业基地作用，更有力地推进工业生产高潮。12 月间，沈阳、旅大、鞍山、抚顺、本溪等工业比重较大的城市召开职工会议，响应中共中央的号召，决心 15 年赶上英国工业水平。这个行动，对于推动辽宁工业"跃进"是一个很大的动力。年末，全省计划会议根据"大跃进"的形势，安排确定了 1958 年地方经济发展计划。计划确定，全省地方工业总产值为 31.48 亿元，比 1957 年增长 12.4%，大多数主要产品比 1957 年都有所增长，特别是供应农田排灌需要的柴油机、涡轮机、水泵、工业原料和出口物资中的原煤、铁矿石、镁砂等都有较大增长。全省地方基本建设投资额为 1.639 亿元，比 1957 年增长 33.8%，这个增长速度比"一五"期间任何一年都要高。在基本建设投资中，水利建设投资比 1957 年增长 64.4%。

为了推进工业战线的"大跃进",在制定 1958 年地方工业经济计划之后,中共辽宁省委发出"鼓足干劲,做工业高潮的促进派"的号召,严厉地批判了"不愿接受先进生产指标""不愿主动承担更繁重的任务""对高潮形势表示怀疑"等所谓右倾保守思想。中共辽宁省委认为,当时已是万事俱备,只欠东风,因此号召人们迅速克服右倾保守思想、鼓起新的干劲,快马加鞭、迎头赶上新形势的发展,做工业生产"大跃进"的促进派。

1958 年 2 月 11 日,辽宁省人委召开各市工业局长会议,把 1958 年地方工业指标再度提高。会议确定 1958 年全省地方工业生产总值比 1957 年提高 40%;手工业产值比 1957 年增长 70%;"二五"计划全省地方工业总产值比 1957 年增长 3 倍。会议认为实现 1958 年"大跃进"计划和"二五"计划指标是有条件、有把握的。2 月 22 日,中共辽宁省委召开全省企事业整风会议,传达了中央企业整风会议精神,确定企业整风的中心任务是以"反浪费、反保守"为纲,深入开展整风运动;强调整风是上半年压倒一切的中心任务,要求把整风和生产高潮结合起来,以促进生产"大跃进"。4 月,中共辽宁省委第六次全体委员(扩大)会议上又批判了怕"冒进"的思想,坚持促进,反对促退。决定在 5 年内实现农业机械电气化,在 3 年中,地方工业要增长 3 倍。在中共中央的号召和中共辽宁省委的推动下,1958 年上半年,辽宁掀起了全党全民办工业的高潮。截至 4 月 10 日,全省已建成各种类型厂矿、作坊 3667 个，平均每天有 36 个厂矿投入生产。其中最为突出的是锦县，在不到 1 个月的时间里就新建了 356 个小型厂矿。中共辽宁省委于 4 月 11 日至 13 日在锦县召开现场会，介绍推广锦县、凌源等县发展县乡工业的经验。要求各级党委加强对工业的领导，贯彻以农业为主、发展县乡工业与农业相结合的方针，大力发展县乡工业，促进农业机械化、电气化、化肥化、水利化的发展。

在发动工农业生产"大跃进"的同时，全省文教事业、机关工作也提出了"全面的跃进"的高指标。在全省文教部长会议上，中共辽宁省委提出根本不可能实现的 8 项"跃进"指标。其中较重要的指标是，1958 年在中等学校普遍推行勤工俭学，做到助学金半自给，学校经费分别为 1、2、3 年达到自给半自给；不久又提出在"九一"开学前基本扫除文盲，1 年内新办 70 所高等学校。卫生工作"大跃进"，提出大战 3 个月，1 年除"四害"，分别在 1、2、3 年内消灭天花、鼠疫、脑炎等疾病。

1958 年中共八大二次会议后，辽宁省"大跃进"的形势已经有相当规模，各项事业高指标频频出现，并且不断批判右倾保守思想，向更高指标冲击。事实证明，"大跃进"运动中提出的不切实际的指标不仅根本无法实现，而且对于各项事业的正常发展都造成了严重的不良影响。

（三）全民大炼钢铁运动

1958 年 8 月在北戴河召开的中共中央政治局扩大会议确定，1958 年钢产量要达到 1070 万吨的指标，但实际上前 8 个月钢的生产只完成 400 万吨。要想实现全年钢产量翻番的目标，就必须在余下的 4 个月内完成 600 万吨至 700 万吨的生产任务。为了完成钢的生产任务，北戴河会议提出由第一书记挂帅，大搞群众运动，全党全民办钢铁工业的方针。为了动员全党全民大炼钢铁，北戴河会议还将 1070 万吨的钢产量指标写进会议公报。9 月 1 日和 5 日，《人民日报》两次发表社论，要求各地区、各部门把钢铁生产放在首位，其他工作"停车让路，首先为钢"。由于任务分层下达，中共中央由毛泽东挂帅，各省由第一书记挂帅，采取大兵团作战，各行各业支援，小洋土结合，遍地开花等一系列非常措施，全国范围的全民大炼钢铁运动迅速兴起。

辽宁作为全国重工业基地之一，钢铁工业实力相当雄厚。到 1957 年，辽宁拥有鞍钢、本钢、抚钢、旅钢等县以上钢铁企业 20 家。1957 年钢产量 338.2 万吨，占全国钢产量 63.2%；钢材产量 238.5 万吨，占全国产量 57.5%；生铁产量 419 万吨，占全国产量 70.6%。在全国提出为 1070 万吨钢而奋斗的翻番计划后，辽宁承担了其中 44% 的任务，即近 470 万吨。以钢为纲，开展大炼钢铁的群众运动也成为辽宁"大跃进"运动的中心任务。

　　为了从根本上改变全省工业、农业、水利、交通等各项事业"大跃进"所需钢铁与有色金属材料不足的局面，1958 年春，在开展工业"大跃进"运动过程中，中共辽宁省委、辽宁省人委非常关注如何提高钢铁产量问题，并且设想在省内几大钢厂基础上多建小型钢铁厂。4 月间，辽宁省工业厅组织 20 余县代表到河北抚宁杜庄炼铁厂参观学习后，认为县里可以建高炉，并作出规划，提出不要国家一分钱，年内建成"抚宁式"小高炉 58 座，产铁 7 万吨。"五一"前夕，鞍钢提出 5 年"跃进"规划并经中共鞍山市委批准通过。鞍钢提出了"执行总路线，努力干 5 年；思想大解放，干部红又专；投资省一半，鞍钢翻一番；全民办工业，建个小鞍钢"的口号。6 月 24 日，中共辽宁省委第一书记黄火青在省委全委扩大会议上讲话时指出："中央将了东北的军，华东、华北明年都搞 800 万吨，你们有那么大的鞍钢，又有抚顺、本溪那么多地方，你们能搞多少，明年不能少于 900 万吨[①]。"

　　为了提高钢铁产量，1958 年 7 月 4 日，中共辽宁省委、辽宁省人委作出《关于大力挖掘钢铁和有色金属资源支援工农业生产"大跃进"的决定》，号召全省人民开展挖掘回收废旧钢铁和有色金属运动；提出"先土后洋，由小到大，依靠群众，遍地开花"的方针，要求凡是有金属矿产资源的地方和有制造炼钢铁设备能力的企业、比较容易改扩建的厂矿企业、铸钢铸铁车间和冶金企

---

① 黄火青：《在省委全委扩大会议上的讲话》，1958 年 6 月 24 日，辽宁省档案馆档案。

业，都要立即兴办和扩建钢铁与有色金属工业。《决定》发出后，全省各地立即行动起来，掀起了一个轰轰烈烈的挖掘回收废旧钢铁的工业"抗旱"运动。此后各地纷纷回收废钢铁，兴建各种小高炉。鞍钢在 7 月中旬提出大中小型同时并举，挖掘潜力准备在年内新建中小型转炉 50 座，炼钢能力为 350 万吨；中小型高炉 200 座，炼铁能力为 450 万吨。抚顺、本溪等地也先后修建中小型高炉。8 月初，《人民日报》发表《土洋并举是加速发展钢铁工业的捷径》的社论，辽宁也批判"重洋轻土"的思想，从而把修建小高炉的运动推向高潮。

8 月 26 日，中共辽宁省委召开工业生产紧急会议，提出书记亲自挂帅，抓住钢铁、机械两大重点，坚决保证完成国家计划。根据中共辽宁省委、辽宁省人委的决定，首先调整了鞍山钢铁公司、本溪钢铁公司、旅大钢厂、抚顺钢厂等国有和地方国营大型钢铁企业的生产计划，提高了各项生产指标，并通过扩建厂房、增加设备等措施，增加企业的生产能力，为完成钢铁生产任务创造条件。鞍钢是全国最大炼钢企业，其钢产量占辽宁省总产量 90% 以上，年初制定计划时确定鞍钢生产 349 万吨钢；全国提出 1070 万吨钢的任务以后，鞍钢承担其中 450 万吨钢的任务。鞍钢能否完成产钢任务，对辽宁省及至全国都有决定意义。中共辽宁省委号召全省各行各业支援鞍钢，实现钢铁"跃进"计划。在重点抓国营大中型钢铁企业的同时，各市、县相继成立了钢铁生产指挥部，组织全省工、农、商、学、兵和广大机关干部投入钢铁生产大会战之中，形成全省大炼钢铁的群众运动。9月下旬，中共中央派李富春到鞍钢视察，他号召鞍钢广大职工进一步解放思想，破除迷信，充分发挥主观能动性，挖掘物资潜力，大闹技术革命，发挥现代化大企业潜力，把钢铁生产推向一个新阶段。

在这种形势下，1958年9月，辽宁省的钢铁产量比前8个月平均产量增加了39.2%。10月中旬，中共辽宁省委根据中共中央指示，向全省人民发出紧急号召："大干特干一鼓作气干到12月10日，提前20天完成今年的钢铁大跃进计划，夺下钢铁大关"；并决定从10月15日到20日，掀起钢铁"高产周"运动，大放一周"高产卫星"，在全省范围内组织若干个小土群生产生铁千吨县、千吨市和500吨市，争取辽宁省在10月下旬成为万吨省，争取全省钢铁达到日产3万吨。在中共辽宁省委、辽宁省人委的领导下，各级党委、政府以钢为纲，全民大炼钢铁，数百万农民上山，大办小矿山和小炼焦厂，各级财政部门投入了大量资金，广大群众献出家里可作炼钢铁原料的铁锅甚至门把手。通过钢铁大会战，全省完成了1958年钢铁生产470万吨的计划指标，比1957年提高了45.8%。但实际增加的产量主要是靠鞍山、本溪、抚顺、旅大4大钢铁企业拼设备、加工时完成的；而花费了大量人力、物力和财力修建的小土高炉，只炼出了质量不合格、根本不能用的十几万吨土钢和十几万吨土铁。

从9月中旬到11月末，是大炼钢铁的高潮阶段。当时《辽宁日报》报道了9月29日这一天全省抢钢夺铁的一场激战：在省委统一部署下，从鸭绿江边、渤海北岸，到辽河平原和广大山区，号角齐鸣，145 万大军浴汗奋战，出动了 4.5 万多台各种车辆送粮输草，车水马龙，日夜支援。为迎接国庆、检阅钢铁生产力量，为今后苦干大干 3 个月，保证完成今年钢铁跃进计划揭开了序幕。这一天日产钢 2.4 万吨，日产铁 2.2 万吨。应该指出，这种报道，除了当时形式主义的大排场外，其他一些具体数字都是被层层加码扩大了的，很难把握这些高产卫星的准确数字。继 9 月 29 日之后，又从 10 月 15 日到 21 日组织全省总动员大战"钢铁周"。这次放卫星以大鸣、大放、大辩论开道，总结经验教训，批判保守思想，大搞千吨炉、万吨厂。有的地区按军事化编成师团，上山下乡大搞采矿、炼焦。为完成"钢铁周"的高产任务，提出组织共产主义大协作，涉及铁路、公路运输、电力、煤炭等部门以及农村大批强壮劳动力。这种协作实际上都是无偿的平调。到 1958 年 11 月，为了完成钢铁指标，在大型钢铁企业的所在地鞍山开展了全民大炼钢铁运动，"全市人民正以大洋群和小土群两条腿同时飞奔，向时间展开激烈的钢铁争夺战"。从 11 月 3 日中共鞍山市委决定开辟小土群战线以确保钢铁跃进计划提前完成以来，在短短的 10 多天里，全市组织了包括工人、农民、干部、学生，甚至街道居民和解放军官兵在内的 10 万多人，共同投入到大炼钢铁的运动之中，共建起 3333 多座小土炉[①]。中

---

① 《鞍山市全民大炼钢》，《辽宁日报》，1958 年 11 月 24 日第一版。

共辽宁省委钢铁指挥部召开市地委工业书记现场会，推广鞍山土法炼钢铁经验。会议认为，全党全民办钢铁已进入一个新阶段，即巩固、提高阶段。会议还讨论了群众性钢铁生产运动的巩固提高、完成 1958 年钢铁生产跃进计划，以及 1959 年钢铁生产等问题。这是 1958 年大炼钢铁的最后一跃。即使这样，鞍钢在年终并未完成 1958 年 450 万吨的钢产量跃进指标，只完成了 392 万吨。1959 年，辽宁全民大炼钢铁运动趋于收缩，地方钢铁工业生产的重点主要放在小高炉方面，小土炼钢炉的生产基本停止。但是，由于小高炉所需生铁供应紧张，3000 多立方米的小高炉，开炉的只有 1400 多立方米。

大炼钢铁浪费惊人，损失严重。辽宁全省人民从 1958 年夏到冬奋战多半年，完成 470 万吨钢，其中鞍钢完成 392 万吨，本钢完成 13.6 万吨，抚钢完成 13.6 万吨，大钢完成 10.1 万吨。在全民大炼钢铁运动中，全省共修建 1.5—5 立方米土高炉 1129 座，7.2 立方米以上小高炉 379 座，炼出生铁 12.1 万吨，土钢 12.3 万吨（其中鞍山 11.8 万吨）[1]，其他一些小高炉基本上没有效益。土法生产不起作用，有的土法炼钢炉极其简陋。例如鞍山铸管厂的土转炉，是用旧汽油桶做外壳，里边糊上泥沙，用几根铁棍架起来，通上风就开始炼钢，这样生产出来的钢铁质量可想而知。至于县以下公社及一些机关学校修建的所谓小高炉没有任何效

---

[1] 辽宁省地方志编纂委员会办公室主编：《辽宁省志·黑色冶金工业志 有色金属工业志 黄金工业志》，辽宁民族出版社 2001 年版，第 21 页。

益，只是造成很大的浪费。大炼钢铁打乱了正常的生产和建设秩序，违反了科学原则和客观经济规律。由于片面追求高速度、高指标，弄虚作假、不讲经济效益、忽视质量的现象普遍大量地发生。

（四）庐山会议后的继续"大跃进"

为纠正"大跃进"和人民公社化运动中出现的问题，从 1958 年 11 月郑州会议到 1959 年庐山会议前期，按照中共中央部署，辽宁各级党组织对"左"倾错误进行了初步纠正，使形势开始向好的方面转变。但 1959 年庐山会议后由于错误地开展了"反右倾"斗争，中断了纠正"左"倾错误的进程，使"左"的错误再度泛滥，国民经济陷入严重困境，社会主义建设在艰难探索中遭受严重挫折。

1959 年庐山会议以后，全国一面深入进行反右倾整风运动，一面继续推动"大跃进"。受此大气候影响，在 1959 年 9 月末召开的中共辽宁省第二次代表大会上，中共辽宁省委提出"为超额完成今年跃进计划而奋斗"的口号，强调各项工作都必须大搞群众运动，解放思想，提倡敢想、敢说、敢做精神，坚决批判各种右倾思想。关于 1959 年工业总产值，辽宁省计委于 11 月提出，全省预计达到 205 亿元，比 1958 年增长 32.7%，如果达不到这个指标，不仅在政治上影响不好，而且会影响全国增长速度，因此必须保证完成①。这时距年底还有一个多月时间，按当时的统计，钢产量已完成 564 万吨，与调整后的 675 万吨指标相比，还有 100 余万吨任务尚未完成。为了完成任务，要求继续提高全省钢的日产量，两条腿走路，充分利用小土群、小高炉。不仅要求 1958 年、1959 年修建的小土群、小高炉要加以整顿、提高转入小洋群，而且要求全省凡有煤、铁资源的市县和有条件的人民公社，都要搞以煤、铁为中心的小洋群。这样，又一次掀起了小土群、小洋群运动。12 月 20 日至 25 日，辽宁省第二届人民代表大会第二次会议召开，辽宁省人委领导在工作报告中宣布：在继续大跃进的形势下，提前和超额完成了国民经济计划。工农业总产值达到 242.6 亿元，比 1958 年增长 29%，其中工业总产值 215 亿元。主要产品产量，钢为 679 万吨，生铁 767 万吨。1960 年 2 月 8 日至 15 日，中共辽宁省委召开二届二次全体会议，省委第一书记黄火青传达 1 月份中共中央政治局上海扩大会议精神。全国制定 1960 年国民经济计划，钢产量定为 1840 万吨，辽宁承担 788 万吨的任务。省委领导在会上作《为 1960 年工业生产"特大跃进"而奋斗的报告》，指出：1959 年是在 1958 年"大跃进"的基础上继续全面跃进的一年。摆在全省人民面前的主要任务是在两年"大跃进"的基础上，继续实现更好、更全面的"特大跃进"。为了实现"特大跃进"，这次会议决定对工农业的主要指标进行

---

① 《辽宁省委批转省计委党组完成今年工业总产值任务的报告》，1959 年 11 月 10 日，辽宁省档案馆档案。

新的加码，重新提出 1960 年工农业总产值计划为 325 亿元，比 1959 年增长 51%。钢产量定为 790 万吨，比 1959 年的 670 万吨增加 120 万吨。煤炭计划指标是 5950 万吨，比 1959 年实际完成的 4948 万吨增长 20.5%。发电量计划指标是 131 亿度，比 1959 年的 98 亿度增长 33.6%。同时，又提出在工业上赶超上海，创造一天一个亿的产值。实际上，1959 年辽宁工农业总产值，根据当时已带有虚假成分的统计是 235.6 亿元，其中工业总产值为 212.3 亿元；钢产量为 677.6 万吨，其他几项主要指标也未能按预定计划完成。

农业生产也提出"特大跃进"计划。在 1959 年 12 月全省农村工作会议上，辽宁省人委领导提出力争在 1962 年，最好在 1961 年做到粮食自给，标准是每人平均占有 1000 斤粮食。粮食总产量以 1959 年的 800 万吨为基础（实际上 1959 年粮食总产量为 590 万吨），3 年每年平均增长 15%，到 1962 年粮食总产量可达 1200 万吨。中共中央指示辽宁省 1960 年粮食产量必须达到 935 万吨，比 1958 年增产 17%。省里自己提出要"特大跃进"，增产 20%，总产量达到 960 万吨。在 1960 年一年内，尽管采取多种方法扭转农业生产落后局面，例如采取大量开荒，大搞旱改水、大力改造低产田、扩大夏种面积，加速实现机械化、半机械化，兴修水利等措施，但是由于优先发展工业，农业生产处于从属地位，加之遭受一定自然灾害，到秋收时辽宁全省粮食产量才达到 360 万吨。

（五）"大跃进"运动造成的严重影响

由于1958年开始的"大跃进"，加上1959年庐山会议后的"反右倾"和继续坚持"左"倾盲目冒进的"特大跃进"，辽宁省经济出现严重困难局面。

第一，工农业比例严重失调。辽宁是全国重工业基地之一，工业发达，而农业则相对比较落后。工农业基本建设总投资、工农业总产值，历年以来比重差距都很大。1958年的"大跃进"、大炼钢铁，使这种比重差距继续加大。1958年，基本建设总投资为22.91亿元，其中工业总投资是18.57亿元，占基本建设总投资的81%；农业总投资则由1957年的0.91亿元下降到0.84亿元，由占1957年基本建设总投资额的6.4%，下降到3.8%。1958年，工农业总产值185亿元，工业总产值163.7亿元，占88.5%；而农业总产值21.3亿元，只占11.5%。不仅在工农业基本建设投资方面，工业优先于农业，而且在农业增产增收方面也受到很大影响。1958年农业丰收，粮食产量700万吨，比上年增长19.3%。农业虽然增产，但由于"大跃进"，大搞深翻、大炼钢铁和兴修水利等项目较大的基建工程，调用大量农业劳动力，占用大量农村集体收入，加之共产风、大锅饭，浪费大批粮食和当年收益，所以农民并未增收，严重地挫伤了农民的生产积极性。1959年、1960年继续搞"特大跃进"，从农村抽调更多的劳动力投入基本建设战线，到 1960 年共抽调 176.9 万人，占农业劳动力总数的 36.9%，农业第一线生产能力被严重削弱。这造成的直接影响是粮食产量逐年下降，农业在工农业总产值中的比重也逐年下降。1959 年，粮食产量 590 万吨，工农业总产值的比例为 90.1∶9.9；1960 年，粮食产量为 360 万吨，工农业总产值的比例为 94.2∶5.8。从 1958 年到 1960 年，工业总产值每年平均增长 32.7%，而农业总产值每年下降 4%。这种工农业比例失调，工业生产优先于农业生产的结果就是粮食供应紧张，副食品缺乏，到 1960 年下半年形势更为严峻。据 7 月份中共辽宁省委给周恩来、李先念的报告反映，截至 7 月 20 日统计，全省粮食库存量为 3.9 亿斤，其中 10 个市共 1.77 亿斤，可销 12 天；县镇 1 亿斤，可销 25 天；农村 1.13 亿斤，可销 12 天。如扣除必要军用粮和工业原料、晚田种子等，可销售的粮食只够支付 3 至 5 天。全省有 25 个县的农村靠国家供应过日子，当时就有 15 个县，仓库颗粒无存，粮食随到随销。国家安排 7 月份调给辽宁的粮食共 5 亿斤，到 20 日只到位 1.66 亿斤，占计划调入的 30%。每天平均调入 830 万斤，而销售量每日需 2400 万斤，只得占用库存粮 1570 万斤。由于粮食供给不足，周转不开，部分地区已停止供应工业和饮食行业用粮。畜禽饲料也时断时续，而且还有 50 万军人用粮，无论在数量上、品种上都难以保证。这年的 10 月间，全国发生重大灾情，辽宁也不例外。当时估计全省可产粮 459 万吨（实际产量 360 万吨），国家拨给 150 万吨，粮食供应仍将紧张，只得把粮食供应量再下减。农村人均年口粮数每人 260 斤，平均每天 7 两多粮，后来实际得到粮食只有 164 斤，平均一天不到半斤粮；城市供应量在原供应标准基础上压低 2 斤[①]。

为了保证低标准的供应，中共辽宁省委和辽宁省人委提出了一些措施。如秋收做到"三净"，组织人力下地捡粮，采集野生植物补充大牲畜饲料；大搞代食品，靠山吃山，靠水吃水；把苞米粒、苞米棒一起磨成面粉，收集地瓜蔓子、花生秧、草籽、野生菜等等。这些情况表明，"低标准""瓜菜代"的日子在辽宁已经开始。由于缺乏饲料，家禽家畜饲养困难，鸡鱼蛋肉等副食品紧缺，面点之类的供应也已停止。1960 年入秋以后，全省各地先后发生浮肿病。据 11 月份调查统计，沈阳市 5 个市区、8 个县浮肿病患者达 1.4 万人，其中市区 9999 人，县 4113 人；59 个工厂的 10.7 万多名工人中，患浮肿病的有 3300 余人，发病率为 3.09%，其中工人 2500 多人，发病率为 2.68%，职员 793 人，发病率为 5.86%。鞍钢公司党委在 59 个单位 14 万余职工中进行调查，截至当年 12 月，患浮肿病的有 4086 人，发病率为 2.87%。在机关学校中，据对省检察院、法院、粮食厅、辽宁日报社等 4 个单位 736 名职工的调查，患浮肿病的有 72 人，发病率为 9.8%；市文化干部学校 536 名教员和学生中，患浮肿病的有 236 人，患病率高达 43%；辽阳、海城部分公社的近 4.2 万人中，初步统计浮

---

① 《辽宁省委关于召开市委第一书记会议情况的报告》，1960 年 10 月 28 日，辽宁省档案馆档案。

肿病患者为 2759 人，占总人数的 6.6%。1960 年冬和 1961 年春，情况更加严重，许多强壮劳动力因患浮肿病，体力减弱，甚至不能劳动[1]。各地普遍发生浮肿病患病率高的主要原因就在于主副食缺乏造成的营养不良。

第二，经济体制僵化，经济效益下降。辽宁在"一五"时期形成的高度集中的以指令性计划为主的行政型经济体制，在发展中越来越不适应全面建设社会主义的需要。在中共中央领导下，1958 年以后，辽宁曾进行一些改革尝试，但由于"左"倾思想的干扰，这些改革不但没有成功，反而在"大跃进"中使经济体制进一步僵化。当时在私有制结构方面，急于过渡，盲目求纯，在城市搞企业升级和过渡。1957 年，辽宁全民企业 1374 个，到 1958 年增加到 2670 个。这种"越大越公越纯"的所有制结构，使国民经济既没有竞争能力又缺乏活力，严重阻碍了社会主义商品经济的发展。在经济决策结构方面，企业缺乏经营自主权。企业的人、财、物，产、供、销和一切经营活动均由国家安排，企业成了政府的附属物。这种产品经济体制也严重阻碍了社会主义商品经济的发展。在分配制度方面搞平均主义，国家与企业之间实行统收统支，由国家统负盈亏，造成企业吃国家的大锅饭、职工吃企业的大锅饭的现象。由于经济体制进一步僵化，辽宁"二五"时期经济效益明显下降。

---

[1] 东北局办公厅：《情况反映》特 2 号，1960 年 12 月 27 日，辽宁省档案馆档案。

第三，积累过高，基本战线过长，赤字过大。从消费与积累的比例看，辽宁 1960 年的消费率是 37%，这个消费率比全国平均消费率的 60.4% 低 23.4%。积累率则高达 63%，比全国平均积累率的 39.6% 高出 23.4%。积累过多，消费减少，严重影响了人民生活水平的提高。基本建设战线，由于工业"大跃进"，大炼钢铁，实行大中小并举、土洋并举的方针，各种基建项目迅速上马。从 1958 年到 1960 年 3 月，上马项目有 9000 多个，其中小型项目占 8500 多个；3 年施工项目比"一五"时期的 542 个增加 65.7%。这些项目从立项铺摊到建成，投资很多。从 1958 年到 1960 年的 3 年间，辽宁基建投资总计为 71.34 亿元，平均每年 23.78 亿元，比"一五"时期基建总投资的 65 亿元增长近 10%。这些基建投资有的效果很不好。庞大的基建经费，加上一些企业单纯追求多快，忽视质量和效益，给经济建设造成巨大损失。辽宁从 1958 年到 1960 年的 3 年间，全省财政赤字达 15 亿元。

第四，工业内部各行业间比例严重失调。在全面"大跃进"的形势下，辽宁工业虽实现了暂时的高速发展，但重工业和轻工业、国民经济的积累和消费之间的比例关系失调，呈现畸形发展的局面。1958 年，重工业投资总额为 17.3221 亿元，轻工业投资总额为 1.2473 亿元，重工业占投资总额的 78.1%，轻工业只占 5.6%。1958 年，重工业产值为 125.2 亿元，占工业总产值的 76.5%，轻工业产值 38.5 亿元，占工业总产值的 23.5%；而 1957 年，全省经济形势比较好，重工业产值占工业总产值的 71%，轻工业占 29%。工业内部各行业之间比例也严重失调，轻工业中为重工业和基本建设服务的陶瓷、玻璃、皮革、麻纺织品等行业所占比重由 19.4% 上升到 26.4%，而民用产品占市场需要量的比重由 71.6% 下降到 63.5%，严重阻碍了国民经济的健康发展。1960 年秋冬以后，形势更为严峻。由于保钢、保粮、保重工业，忽略轻工业用品的生产和日用品生产，最简单的商品如火柴、灯泡、锅、碗、缸、盆、筷子、缝衣针等在市场上都时断时续，有的长期脱销。食盐库存量下降，供应紧张。某些时令药品也很紧张，甚至连眼药水、消炎药都买不到。另外，一些企业在高指标压力下，产品粗制滥造，单是全省国营工商企业盘亏、削价、报废三项损失就高达 13.6 亿元，造成严重损失浪费。1960 年，全省社会商品货源与社会购买力差额达 6 亿多元，其中消费品货源缺额更大。到 1962 年，社会商品购买力比 1960 年又下降 24%。为了实现货币回笼和满足一部分人的需求，辽宁按照中共中央的要求，实行商品特别是食品、副食品的高价、议价政策。在这种情况下，群众生活水平下降，工资亦有所降低。据 1958 年辽宁省商业厅的报告称，当时城市居民新年、"五一"、中秋、国庆 4 个节日每人供给半斤肉，端午节每人 4 两肉，春节供应 1 斤肉。一年之中，只有 1、3、7、8、11 等 5 个月份每人每月供应半斤肉。全年每人只能吃到 5.9 斤肉。同时，城乡人均收入减少。当时，农村大约有 30% 的社队社员年收入在 50 元以下。全民所有制职工年平均工资 1957 年为 749.1 元，1958 年为 708.69 元，1962 年为 699 元；

1962 年比 1957 年下降 6.7%。在企业中还一律取消计件工资，超额奖改为综合奖，实际上几乎没有了奖金。

原本希望快一些让人民群众过上好日子，结果却出现这样令人痛心的事情。这是"大跃进"造成的严重后果。

客观分析，1958 年开始的"大跃进"运动是辽宁经济建设中的严重失误。但同时我们也应该看到，在"大跃进"运动发展过程中，辽宁全省各级党组织、广大党员、干部和群众，发挥高度的社会主义积极性和创造精神，在生产建设中开辟许多新的生产和科研领域，建立锦州新兴工业等新的工业基地，形成"鞍钢宪法"等可喜成果，积累了建设社会主义的经验和教训。我们应当把党和人民的努力，同"左"倾错误区别开来。就中共辽宁省委来说，多数错误是执行问题，主要责任在中共中央。

四、贯彻"调整、巩固、充实、提高"方针，进行全面调整工作

　　事业的发展不可能一帆风顺，出现困难在所难免，必须艰苦奋斗、迎难而上、攻坚克难。由于"大跃进"的失误，加上自然灾害，20 世纪 60 年代初期，我国经济出现了非常困难的局面。通过积极、有效的调整切实扭转经济困难局面，推进经济社会健康发展，成为全国各地异常紧迫而艰巨的任务。

　　进入 20 世纪 60 年代，面对继续"大跃进"造成的经济全面紧张局面，中共中央决心纠正错误，调整政策。1960 年 11 月，中共中央发出《关于农村人民公社当前政策问题的紧急指示信》；1961 年 1 月，中共八届九中全会正式提出对国民经济实行"调整、巩固、充实、提高"的八字方针。根据中共中央部署，辽宁从1961 年开始进行国民经济和政治关系的调整工作。经过全省上下齐心协力，共同克服困难，艰苦奋斗，到 1962 年年底，辽宁的调整工作取得初步成果。从 1963 年开始，辽宁的国民经济进入

全面调整时期。1963 年 12 月 9 日，中共辽宁省委召开三届二次全体（扩大）会议，对调整工作进行总结。指出：国民经济的调整工作进一步收到显著成效，农村人民公社集体经济进一步巩固和发展，农业生产有较大增长，工业生产稳步上升，商品供应量不断增加，城乡人民生活继续有所改善，全省国民经济已开始全面好转[①]。1964 年末和 1965 年上半年，辽宁先后完成工农业、基本建设战线和商业财贸战线的国民经济调整任务，同时也进行了政治关系方面的调整。这期间，为了克服物质困难，辽宁人民同全国人民一道，团结一致、意气风发、勇敢前行、艰苦奋斗、不懈拼搏。到 1965 年，辽宁调整工作取得显著成果，调整任务胜利完成，国民经济建设取得伟大成就，社会风貌发生可喜变化。

（一）初步贯彻国民经济调整方针

1960 年 7 月 5 日至 8 月 10 日，中共中央于北戴河召开工作会议，决定压缩基本建设战线，保证工业生产，挤出一切可能挤出的劳动力充实农业战线、加强工业对农业的支援。1961 年 1 月 14 日至 18 日，中共中央在北京召开八届九中全会，讨论通过李富春所作的《关于 1960 年国民经济计划执行情况和 1961 年国民经济计划主要指标的报告》，同时批准了"调整、巩固、充实、

---

① 黄火青：《在中共辽宁省委三届二次全体（扩大）会议上报告》，1963 年 12 月 9 日，辽宁省档案馆档案。

提高"的八字方针。中共八届九中全会为加强对各省、市、自治区的领导，批准成立包括东北在内的六个中央局。任命宋任穷为中共中央东北局第一书记，欧阳钦为第二书记，马明方为第三书记。

中共八届九中全会后，为贯彻执行中共中央关于经济调整的八字方针，辽宁全省国民经济建设开始进入全面调整阶段。调整工作的主要内容是调整农业、轻工业和重工业的比例关系；调整生产和基本建设的关系；调整经济建设和文教事业、国防事业以及各条战线、各个部门的关系。调整工作的中心是大力巩固人民公社集体经济、恢复发展农业生产，适当放慢重工业的发展速度，坚决缩短基本建设战线，发展轻工业。调整的目的是改变"大跃进"时期社会主义建设事业发展中出现的许多不协调现象，为国民经济持续稳定发展创造条件。

中共辽宁省委、辽宁省人委进行了一系列的工作和安排，采取有效措施进行国民经济调整。调整过程大体上分为两个阶段：1961 年到 1962 年为第一阶段，1963 年到 1965 年为第二阶段。第一阶段的头一年，由于对"大跃进"造成的损失认识不一致，有人认为问题较严重的是农业生产和农民生活上的一些问题，工业方面问题不是很大；也有人心存疑虑，怕调整过头又犯右倾错误。所以这一时期的调整只是初步的，1962 年 1 月中共中央召开七千人大会之后调整工作才深入进行下去。

农业战线的调整和贯彻《农村人民公社工作条例（修正草案）》

（以下简称《农业六十条》）。辽宁是全国的重要工业基地之一，全面贯彻执行以农业为基础、以工业为主导发展国民经济的总方针，坚决地、有计划地把全省工业部门的工作转移到以农业为基础的轨道上来，对实现农业技术改革具有重大意义。坚决压缩城市人口，从各方面节约劳动力，充实农业战线，必须首先解决粮食生产问题，这是发展农业生产的最迫切措施。辽宁发展农业的主要问题是地多人少，劳动力不足。一段时期以来，由于工业及其他各项事业的发展，又有大量农业劳动力转入城市，而且农业劳动力的质量也显著降低。因此，劳动力不足的困难十分严重。劳动创造一切，劳动力是生产力的决定性因素，而在农业还没有实现机械化，还主要依靠人力耕作的条件下，农业劳动力就更为重要。在工业化的进程中，一部分农业人口转为工业人口是正常的和必须的，但是农业劳动力的减少必须与农业劳动生产率水平的提高相适应，在农业还没有实现机械化以前，农村劳动力减少过多过快，"生之者寡，食之者众"，就必然给农业生产和整个国民经济的发展造成极大困难，同时也给城市增加了过重负担。因此，必须加快发展农业，下决心解决一些"关键性"问题。

从 1960 年下半年开始，中共中央多次召开会议，下发《关于农村人民公社当前政策问题的紧急指示信》（以下简称《十二条》）《农业六十条》等一批调整农村政策的文件，以解决农村人民公社发展中存在的问题。辽宁从 1960 年末开始贯彻落实中共中央关于调整人民公社各项政策的决定。在此之前，中共辽宁省委已发出关于农村政策的十项规定，指出：人民公社目前实行的以队为基础的三级所有制，至少五年不变，坚决反对和彻底纠正共产风，绝不允许再重复"一平二调"①；不得再取消社员小自由和小私有；从各方面压缩劳动力，充实农业生产战线；关心群众生活，让社员吃饱饭。12月27日，中共辽宁省委召开扩大会议，研究贯彻落实中共中央指示信的问题。会议对全省农村人民公社以共产风为主的"五风"严重情形有了深刻认识，并且对各市县进行初步摸底排队。经过分析，认为全省大体有三种类型地区：一类地区，贯彻了党的政策，"五风"②较少，生产也搞得好，这类地区共有公社117个，占公社总数的25.4%，生产队1907个，占生产队总数的22.2%；二类地区，贯彻党的政策不够认真，"五风"较多，生产力遭到一定程度

---

① "一平二调"是"平均主义""无偿调拨"的简称。"一平"是指在人民公社范围内把贫富拉平，搞平均分配；"二调"是指对生产队的生产资料、劳动力、产品以及其他财产无代价地上调。这一政策出现在我国农村人民公社化运动的初期。其要害是：否认了人民公社之间、特别是公社内部原来各个高级农业生产合作社之间的经济差别，否认了按劳分配和等价交换的原则，无偿调拨各集体经济组织的生产资料、产品、劳动力和资金；在个人消费品的分配上实行绝对平均主义；严重挫伤农民群众的生产积极性，破坏了集体所有制的巩固和发展。

② 1958年在"大跃进"、大炼钢铁和人民公社化运动中，所泛起的"官僚主义、强迫命令、瞎指挥、浮夸风、共产风"等五股风。这五风，歪曲了党的社会主义建设总路线的精神实质，只讲多快，不讲好省；大肆鼓吹高指标；大肆浮夸虚报；只讲敢想敢干，不讲科学分析；只要头脑热，不要头脑冷；只讲苦干蛮干，挑灯夜战，不讲实干巧干和劳逸结合；只施强迫命令，瞎指挥，不走群众路线和耐心的群众思想教育工作；混淆社会主义和共产主义界限，大搞一平二调三收款，给国家带来很大困难，给人民带来很大灾难。

的破坏，这类地区有公社 233 个，占公社总数的 50.7%，生产队 4361 个，占生产队总数的 50.8%；三类地区，贯彻党的政策很差，"五风"刮得严重，生产力遭到很大破坏，这类地区有公社 111 个，占公社总数的 23.9%，生产队 2315 个，占生产队总数的 27%。会议认为 1960 年辽宁粮食大减产是七分自然灾害，三分为"五风"人为灾害造成，少数地方减产主要是"五风"造成。针对上述情况，决定在 11 月份贯彻《十二条》试点基础上，全面铺开，并进行社队整风①。

自从贯彻执行中共中央下发的《十二条》和《农业六十条》以来，辽宁农村形势逐步发生变化，各方面的条件，更加有利于农业生产的恢复和发展。尤其是在"以农业为基础""缩短工业战线，拉长农业战线"方针指导下，调整安排国民经济，对于促进农业的恢复和发展，起到了巨大作用。

1961 年 9 月 25 日—10 月 14 日，中共辽宁省委二届五次全体（扩大）会议召开，会议提出辽宁省五年恢复农业生产的目标。为了完成这一目标，必须坚决贯彻执行中共中央关于全党全民大办农业、大办粮食的指示，以及有关农村的各项方针政策。坚决纠正平调错误，全部彻底进行退赔。坚持按劳分配和等价交换原则，稳定和保护农村人民公社三级集体所有制以及社员个人所有制，以巩固工农联盟，并调动广大群众的生产积极性。在恢复生

---

① 《中共辽宁省委关于召开扩大会议贯彻中央紧急指示信情况的报告》，1960 年 12 月 27 日，辽宁省档案馆档案。

产力方面最根本的问题是恢复"三力"（人力、畜力、地力），必须根据依靠群众，克服困难，艰苦奋斗，自力更生的精神，采取各种有效的增产措施：（1）大力压缩城市人口，充实农业战线劳动力。（2）大力发展畜牧业，积极繁殖和保护耕畜，这是保证恢复和发展农业生产的根本环节之一。（3）进行农业技术改造，提高农业机械化半机械化作业水平；加强农业机械的经营管理，建立和健全管理制度，认真培训熟练的驾驶员、修理工，培训机械管理人员，提高管理水平和作业水平。（4）几年来白茬地很多，为了恢复地力，除大力恢复畜牧业，增加粪肥来源，还要因地制宜大搞积肥运动，提高肥料质量。（5）根据条件积极兴修水利，排涝防旱。（6）发展苹果生产。（7）大力发展蚕业生产。（8）大力发展水产事业，充分发挥现有设备潜力，提高捕捞技术，各有关部门做好渔需物资的供应。（9）继续营造防护林，薪炭林，尽力发展用材林和经济林。（10）办好国营农场，坚决精简非直接参加生产的行政机构和人员，严格实行经济核算制度，不断提高管理水平，要求做到经营有利，增产示范。（11）加强农业科学战线研究工作，按照自然地区合理调整农业科学研究机构的布局。

辽宁通过贯彻落实《农业六十条》，强调大集体、小自由的方针，纠正了以共产风为主的"五风"；恢复了农村"三力"；返还了农民自留地，鼓励农民经营各种家庭副业；恢复了农村集市贸易；减少了粮食征购量；纠正了分配上的平均主义，取消了供给制；停办了公共食堂；坚决退赔平调的各种财物。1962 年，辽宁认真贯彻执行中共中央《关于改变农村人民公社基本核算单位问题的指示》精神，实行"三级所有、队为基础"的三级集体所有制，适当调整社队规模，纠正分配上的平均主义，贯彻按劳分配原则，提高了农民生产积极性。同时，大幅度增加对农业的投入。在地方财政十分困难的情况下，支援农业生产和农业事业费支出，由 1960 年的 1.19 亿元增加到 1961 年的 2.1 亿元，比 1960 年增加 52.1%；在人力上，动员大批城镇人口下乡，农村劳动力比上年增加 45 万人；还抽调 3 万多名干部充实和加强人民公社的领导力量。同时，大幅度提高农副产品收购价格，1961 年比 1960 年提高 24.6%，1962 年又在 1961 年基础上增长 3.5%。两年间粮食产量递增，农民口粮增加，菜、肉、蛋也有所增加。这样，农村的形势开始逐渐好转起来。

1961 年 1 月，中共辽宁省委作出《关于社员自留地的规定》，规定留给社员的自留地按亩计算一分五厘至二分五厘，地少人多的地方，可以少给点。自留地种植作物完全由个人做主，任何人不得干涉，产品归社员个人所有，不计征，不计购，不计销量，社员房前屋后和自留地里种植的零星树木（包括果树），一律归社员私有，任何人不准侵占，并鼓励社员利用房前屋后和其他废弃土地种树，谁种归谁。社员可以利用零星空闲时间把屋旁、村旁、路旁的零星土地充分利用起来，谁种谁收，不计购，不计销量。也就是对当时俗称的小开荒、自留地从政策上放开。不久，中共辽宁省委又发出《关于清算"平调"账目若干具体问题处理意见》，共 21 条，对人民公社成立以来，县和县以上各级机关和企业、事业单位向社平调的、县和社向生产队平调的以及县、社和队向社员个人平调的各种财物，都必须认真核算，坚决退赔。1961 年 10 月 3 日，根据中共中央提出的改变农村基本核算单位的意见，中共辽宁省委在调查研究的基础上，提出必须把基本核算单位下放到生产队和生产队的规模应以二三十户为宜的具体落实意见。

经过一系列工作，特别是贯彻《十二条》《农业六十条》以后，辽宁进一步确立人民公社以队为基础的三级集体所有制，适当调整社队规模，纠正分配上的平均主义，贯彻按劳分配原则，提高了社员生产积极性。同时各行各业大力支援农业，使农业战线得到加强。由于大规模精简职工和动员城镇人口下乡，农村劳动力到 1961 年增加 32 万人，比 1960 年 6 月增加 7.1%。1961 年，虽然遭受严重自然灾害，但大多数地区农业收成均好于 1960 年。1961 年，粮食总产量达到 80.8 亿斤，虽然仍处于低谷，但比 1960 年增加 8.8 亿斤。1962 年，农业生产劳动力有很大恢复和发展，已达到 541 万人，比 1960 年增加 57 万人，比 1960 年末农村劳动力最少时的 413.6 万人，增加 127.4 万人。耕地面积和地力都有所恢复，1962 年，新开荒地约 200 万亩，耕地面积达到 6376 万亩，比 1961 年增加 0.6%，施肥面积接近 60%，数量多，质量也好。1962 年，大牲畜达到 213 万头，比 1961 年增加 2.4%。全省生猪已达 256 万头，比 1961 年初增加 69.7%；羊有 232 万只，比 1961 年增加 17.1%；其他家畜、家禽也都有很大发展。从 1958 年以来兴修的大量农田水利工程和电力排灌设备也发挥了作用。拖拉机有 6600 多个标准台，机耕地面积有所增加。由于农业生产条件有了很大变化，生产力得以恢复，1962 年，粮食产量为 92 亿斤，虽然未达到 1957 年以前的水平，但比 1961 年增加 11.2 亿斤。

随着农业生产的发展，农民生活也有所改善，各地实际吃粮水平，都有不同程度的提高；有些生产队的口粮标准已达到历史上的最高水平。一些重灾区和困难队，比最困难的 1960 年要好一些。1962 年，农村还减少吃商品粮人口 35 万人，使全省粮食供应紧张状况有所缓解。农民吃菜、吃肉、吃蛋的数量也有增加，有些农户修盖了新房，添置了一些家具。各行各业支援农业也取得一些效果。1962 年，国拨拖拉机 1300 个标准台，胶车 1.3 万多台，中、小型农具数百万件；还供应了 5149 吨农药和 8.4 万吨化肥；发放了 3450 万元农业贷款和 4254 万元的无偿投资。驻省人民解放军部队，在支援农业生产上，也作出很大贡献。他们不仅在抗灾斗争中奋不顾身地参加抗洪抢险，而且还出动大批人力、畜力、物资和粮食支援农业[1]。在农村人民公社贯彻执行中共中央紧急指示、《农业六十条》和基本核算单位下放到生产队等一系列政策之后，农业生产关系大体调整就绪，干部作风也有很大改进，

---

[1]　《黄欧东在辽宁省农业生产先进单位和劳模代表会议上的报告》，1963 年 2 月 4 日，辽宁省档案馆档案。

全省农村形势已经大大好转。

工业战线的调整和贯彻《国营工业企业工作条例（草案）》。辽宁国有大中型工矿企业比重大，因而工业战线的调整任务比较繁重。1961年初，为了搞好工业企业的经济调整工作，辽宁全省首先进行企业整风。在企业整风过程中，为了解决工业战线存在的问题，以便于调整工作的进行，由中共中央东北局、中共辽宁省委和中共阜新市委组成一个联合调查组，对阜新平安煤矿进行调查研究。调查中发现主要问题有两个方面：第一，党委在实行全面领导中，一方面过多地包揽了行政事务，放松了经常性的思想工作；另一方面各级行政责任制不够健全。第二，在大搞群众运动中，经常工作没有紧紧跟上去，政治挂帅与物质鼓励结合不够，在执行工资政策上存在着平均主义现象，职工群众的积极性还没有被充分地调动起来。这两方面的问题，在当时带有普遍性。调查组认为必须抓住问题本质，总结经验教训，采取对症下药方法，解决一些政策性问题。1961年5月，调查组将调查结果形成《阜新平安煤矿十二条（草稿）》。《阜新平安煤炉十二条（草稿）》的前4条分别为："党委必须实行全面领导""健全厂长负责制""建立政治部""大搞群众运动"。这4条是根据一般政治工作原则和当时形势提出的。后8条，则是针对"大跃进"以来一些破坏工资制度、废弃合理的规章制度和技术工作条例、忽视职工福利生活等现象，明确提出符合经济发展规律、促进生产发展的内容，包括"正确贯彻执行工资政策""建立与健全规章制度""正确贯彻执行技术政策""实行三包四固定""节约劳动力，充实第一线""安排好职工生活""做好职工家属工作""广泛深入开展整风运动"等。其中关于工资部分，对于工资形式、奖惩政策、津贴等都作了详尽规定，使全体职工有章可循，生产好的受奖，无故旷工者停发工资。在技术政策一条里，提出为了更好地贯彻技术政策，必须充分发挥技术人员的作用和提高工人的技术水平；对技术人员必须采取团结、教育的方针，发挥他们的作用，使他们有职有权有责地进行工作。第10条是关于安排好职工生活的规定，提出安排好群众生活是一切工作的基础，并要求办好职工食堂。这对于保证职工身体健康，以充沛精力投入生产具有重大意义。《阜新平安煤矿十二条》，经中共中央东北局批示转发辽、吉、黑三省，对东北三省的经济调整工作起了很好的作用。

辽宁对工业战线的调整，在企业整风基础上，贯彻执行了以农业为基础、以工业为主导的发展国民经济的总方针，注意发展轻工业和手工业。

辽宁工业战线的调整，首先是采取按行业排队的方法，通过综合平衡，对工业企业分三批实行关、停、并、转。到1962年5月末，通过第一、二两批调整，全省县以上工业企业共关、停、并、转1375个，工业企业总数比1960年末的3271个减少42%。其中中央直属工业企业51个，地方企业1324个。在关、停、并、转的1375个企业中，停产158个，合并271个，由全民所有制转为集体所有制的342个。同时全省1250个手工业企业也实行了关、停、并、转。到 1961 年 6 月末，全省全民所有制工业企业已关、停、并、转 1656 个。

在企业实行关、停、并、转过程中，精简职工工作也同时进行。从 1960 年到 1962 年 5 月，辽宁全省工业企业精简职工 64.2 万人，职工人数从 1960 年的 195.5 万人，减少到 131.3 万人，减少 32.8%。

与此同时，还调整了地方工业管理体制。首先是为加强集中统一领导，把地方工业的管理权限集中在省、市一级，明确规定：（1）原材料供应和产品分配面向全国或全省大、中型骨干企业，特别是 1958 年以来中央和省下放给各市的骨干企业，一般应收归省里直接领导；（2）生产技术比较复杂，要求技术水平较高的企业，特别是需要集中全省力量重点发展的新兴工业，应由省直接领导；（3）凡属同类性质、现属不同部门领导的企业，应尽可能地统一归属，由一个部门管理；（4）为便于组织生产协作，便于供产销的衔接，按照需要和可能把部分服务性协作厂，划归需要的生产部门领导。这些措施对于克服分散主义、本位主义是极其必要的。

为了改善工业与农业关系、重工业与轻工业关系，使各条战线进一步发展，进而使人民的吃、穿、日用商品紧缺问题得到较好的解决，辽宁对工业内部比例关系进行了调整。到 1962 年，在全省工业总产值中，为农业生产和为市场、人民生活服务的产值所占比重，从 1960 年的 21.7% 上升到 29.8%；生活资料产值比重，从 1960 年的 18.9% 上升到 24.3%，从而扭转了"二五"期间农业总产值大幅度下降的局面。1962 年上半年，化肥、农药产量都有很大的增长；春耕、夏锄小农具的生产超额完成计划，基本保证了农业生产的需要。农机具的检修进度加快、质量有所提高。不少以工业品为原料的轻工业和手工业产品的产量成倍增长，产品品种增加很多。而重工业的某些产品产量虽有降低，但产品的规格、品种却增多了，质量已有显著提高。工业企业方面的调整已初见成效[①]。但是，由于"大跃进"的失误，造成了"二五"期间"三年大上，两年下降"的局面，因此，辽宁工业总产值还是大幅度下降。1960 年，工业总产值为 258.5 亿元，1961 年为 111.6 亿元，下降 146.9 亿元；1962 年为 103.8 亿元，比 1961 年又下降 7.8 亿元。从轻重工业的产值比重看则无明显变化。1960 年，轻重工业产值比重为 26.8% 比 73.2%；1961 年为 26.8% 比 73.2%；1962 年为 29.3% 比 70.7%[②]。工业总产值下降，钢铁产量也急剧下降。辽宁钢产量 1960 年为 748 万吨，1961 年为 364.4 万吨，1962 年为 344 万吨。铁产量 1960 年为 730 万吨，1961 年为 403.3 万吨，1962 年为 402.3 万吨。总的看来，如没有 1961 年到 1962 年的两年调整，整个工业企业的形势会更加严峻。

　　基本建设战线的调整。基本建设投资过多，战线拉得过长，

---

① 《黄欧东在省二届人代会三次会上的报告》，1962 年 8 月 15 日，辽宁省档案馆档案。

② 辽宁省统计局：《1949—1980 年国民经济统计提要》。

投资效益不好，是造成经济困难的原因之一。因此，对基本建设战线的调整具有重要意义。辽宁基本建设战线调整的原则是按照农、轻、重的次序，进行工程排队，把支援农业和国防工业项目排在重点保证的位置，适当加强轻工业和城市公用事业的项目；对未完工工程进行适当处理和利用；对于楼、馆、堂、所等非生产性建设项目坚决不再上马，已经上马的坚决停下来。辽宁对基建项目进行清理后，从1960年的3100多个项目压缩到1961年的1300多个；1962年又减少到1100多个。基本建设投资逐年减少，1960年为24.8亿元，1961年为7.18亿元。1962年为4.18亿元，其中国家投资为3.85亿元，省内自筹投资只有0.33亿元，国家投资比重为92.1%，省内只占7.9%，大大减轻了省内财政负担。与1960年相比较，重工业投资压缩5倍；轻工业投资压缩3.8倍；农业压缩1.2倍。同时对工业内部的投资结构也进行调整。动力及燃料工业的投资比重由1960年的34.9%上升到57.3%；采掘工业投资的比重由9.2%上升到35.7%；加工工业投资则由27.2%降为9.9%。但是，这些调整，并没有也不可能改变整个"二五"期间基本建设经济效益下降的趋势。这是因为过去基建战线已经拉得过长，铺的摊子太大，占用了大量资金、原材料和设备，各种建设项目齐头并进，缺少后续资金和物资，造成了基建战线全面紧张。还有一些项目匆忙上马，设计、施工边建设边修改，造成极大浪费，甚至使项目报废。也有一大批下马基建项目，已经铺了摊子就停下来，也造成很大的损失浪费。"二五"期间，辽宁固定资产交付使用率为 75.9%，比"一五"期间的 86.9% 下降 11 个百分点。

经过 1961 年到 1962 年的初步调整，辽宁全省工农业生产以及财政金融形势有所好转，人民生活有了一定改善。但"二五"时期全省国民收入仍年均递减 5.4%。国民收入中消费率由"一五"时期的 72.4% 降为 67.8%，积累率却由 27.6% 上升为 32.2%，特别是生产性积累比重由 64.5% 上升到 78.2%，致使国民经济和人民生活仍很困难。

（二）贯彻七千人大会精神开展调整工作

1962 年 1 月 11 日至 2 月 7 日，中共中央在北京召开扩大的中央工作会议。参加这次工作会议的有中共中央和省、地、县委四级主要负责人以及部分大厂矿和军队的负责人，共 7118 人，通常称七千人大会。召开这次会议的目的，是进一步总结 1958 年"大跃进"以来的经验教训，统一全党认识，增强团结，动员全党更坚决地执行调整方针，为战胜严重困难而奋斗。七千人大会取得了在当时历史条件下所能取得的重要成果，对推动国民经济全面调整起到了积极作用。会议发扬党内民主，实质上是党内关系的一次调整。会议对待缺点和错误比较实事求是的态度，以及发扬民主和自我批评精神，给全党以鼓舞，使广大党员的心情比较舒畅，增强了全党团结奋斗、战胜困难的信心。但会议仍然从原则上肯定了"三面红旗"（社会主义建设总路线、"大跃进"、人民公社化运动）。对"反右倾"斗争，只是决定和宣布对下面受到错误批判的党员甄别平反，而对彭德怀仍未予以平反。在对形势的估计和困难原因的分析上，党内仍然存在分歧。这也说明，当时还没有能够从根本指导思想上认真清理"大跃进"和"反右倾"的错误。

1962 年 2 月 16 日至 3 月 19 日，中共辽宁省委召开常委扩大会议，传达贯彻七千人大会精神。省委常委、省委各部委、省人委各厅局的党的负责干部 270 多人参加。会议遵照七千人大会精神，发扬党内民主，实行"三不主义"，使与会同志敞开思想，畅所欲言。开展了批评与自我批评，活跃了党的民主生活，在基本统一认识的基础上，达到了加强团结，加强集中统一领导的目的①。

在贯彻落实七千人大会精神过程中，辽宁的经济关系调整和政治关系调整工作都有进一步发展。

关于经济关系的调整。继续调整工业企业。七千人大会后，辽宁在对工业企业调整中，继续实行关、停、并、转。1962 年 5 月 25 日，中共辽宁省委第一书记黄火青在省委二届六次全体（扩大）会议上作总结时指出："从积极方面想，不要把动员城市人口下乡，工厂'关、停、并、转'看成是消极的……从当前形势

① 《中共辽宁省委扩大会议纪要》，1962 年 3 月 22 日，辽宁省档案馆档案。

来看，采取这种办法是积极的，只有这样才能使我们的国民经济

从最困难时期度过去，并恢复起来。"①1962年6月16日至28日，中共辽宁省委召开工业工作会议，在总结1961年下半年到1962年5月末前两批工业企业调整工作基础上，确定全省县（区）以上工业企业第三批调整方案，关、停、并、转651个企业，保留1747个企业。会议同时制定了手工业、城市公社工业和非工业部门工业企业的调整方案和办法。

根据中共辽宁省委指示精神，辽宁各地对企业，主要是工业企业进行了调整，缩短了基本建设和重工业战线。到1962年底，全省共关、停、并、转县以上全民所有制工业企业1774个，其中重工业企业1100个。同时，辽宁的工业基本建设规模也做了最大限度的压缩，基建基金由1961年的7.4亿元降为1962年的4.09亿元。

在缩短工业生产、基本建设战线同时，实行了物资工作的集中统一领导，进行了清仓核资。到1962年底，辽宁全省共查出多余的生产资料17.4亿元，占清仓库存的41.2%，物资供应情况显著改善。

经过企业调整，辽宁工业内部的重工业和轻工业、原料工业和加工工业之间的比例关系发生了有利于国民经济发展的新变

---

① 《黄火青同志在省委六次全体（扩大）会议上的总结（记录稿）》，1962年5月25日，辽宁省档案馆档案。

化。1962 年前三个季度，在全部工业总产值中，为农业生产和市场服务的产值所占的比重，已由 1960 年的 21.1% 上升到 29.3%；生活资料的比重由 1960 年的 18.9% 上升到 23.9%；采掘和原料工业的比重由 1960 年的 40.7% 上升到 49.6%。为农业和市场服务的产品显著增长。支援农业的生产资料，如化肥、农药分别比 1961 年增长 56.5% 和 52.1%。在消费资料生产方面，一些以工业品为原料、而市场急需的产品的产量有显著的增长。如铁锅、胶鞋、自行车、人造纤维、铝制品等增长 30% 到一倍，搪瓷制品、日用陶瓷、保温瓶、缝纫机、合成洗涤剂等增长一倍以上 [1]。

继续精简机构，压缩城镇人口，精简职工人数。1962 年 1 月 23 日，辽宁省计划委员会在全省计划会议上提出 1962 年精简职工的原则和要求：根据工业调整计划，按重点企业（例如煤炭、木材、有色矿山等）少减；非重点企业多减；以工业品为原料的少减，以农产品为原料的多减；为农业生产服务的少减，为一般工业服务的多减；事业部门和单位第一线人员少减，第二线人员多减。1962 年 3 月 28 日，中共辽宁省委发出《关于精简国家机关、民主党派、人民团体机构编制的决定》；4 月 22 日，省委批转省编委《关于国家机关及其事业单位精减工作人员处理办法》；5 月 20 日，省委批转省经委《关于迅速调整城市人民公社工业的几点意见》等等。对资产处理、精简人员安排、待遇等问题做出

---

① 胡亦民：《关于加强工业交通企业党的领导，广泛深入开展增产节约运动，大力支援农业的报告（草稿）》，1962 年 12 月 18 日，辽宁省档案馆档案。

相应的政策规定。1962 年 5 月 25 日，中共辽宁省委二届六次全体（扩大）会议决定："根据中央大刀阔斧减人的指示，会议通过了今年全年精简城镇 102 万人的任务，精简职工 67 万人的任务。"

在中共辽宁省委领导下，全省各级党委精简决心大，动员面较广，较好完成了精简工作。据中共辽宁省委 1963 年 4 月 16 日向东北局并中共中央呈报的关于精简职工、减少城镇人口计划报告中提供的数字：从 1961 年到 1962 年，全省共精简职工 115 万人，完成原定两年计划的 96.6%。减少城镇人口 173.2 万人，减轻了城市压力。应该说，中共辽宁省委为贯彻七千人大会精神和中共中央关于国民经济调整八字方针所进行的精简职工和缩减城镇人口工作，对于调整城乡关系、工农关系，平衡国家财政收支、粮食供销和市场供求，促进国民经济的调整、经济形势好转，发挥了重要作用。同时，促进了企业劳动组织的改善，提高了劳动生产率，改进了经营管理，减少了亏损。全省工业企业的全员劳动生产率 1962 年比 1961 年提高 19.3%，亏损企业由 1961 年占企业总数的 45.5%，下降到 1962 年末的 28.5%。并对全省经济的发展产生深远的影响[1]。

加强农业战线，大力支援农业。在调整工业战线的同时，中共辽宁省委还加强了对支援农业工作的领导。1962 年 5 月的中共

---

[1] 《中共辽宁省委 1963 年精简职工、减少城镇人口计划（草稿）》，1963 年 3 月 11 日，辽宁省档案馆档案。

辽宁省委二届六次全体（扩大）会议决定把支援农业工作列为"当前的主要工作"，指出："当前的关键在于搞好春播，把地全部种上，抓紧铲蹚，及早消除草荒、虫害。""组织城市力量支援农业，除有计划地动员职工和城市居民下去支援铲蹚外，更主要的是迅速地把可能集中的牲畜、汽车放下去支援铲蹚和运输。加紧小农具的制造和供应，农药要及时下摆。"省委书记处候补书记胡亦民在 12 月召开的全省工业交通企业政治工作会议上也提出：工业发展要把支援农业放在第一位，为农业技术改革服务。据不完全统计，从 1958 年到 1962 年，工业支援农业，生产机械化农具 25 种，10.8 万多台，半机械化农具 12 种，55.3 万件，排灌动力机械 3 种，88 万多马力，农业生产维修配件价值 7000 多万元。从 1959 年至 1962 年，手工业部门生产铁制小农具 3895 万件[①]。1962 年，全省支援农业的工业总产值 6.6 亿元[②]。

七千人大会后，辽宁在农业战线继续贯彻执行《十二条》《农业六十条》，纠正"五风"，调整一系列农业具体政策，调动农民生产积极性，改善并进一步巩固党和农民的关系，农业生产状况迅速好转。到 1962 年底，全省共建成大中型水库 66 座和大量的小型农田水利工程，完成土石方 7.4 亿多立方米。农田灌溉面积扩大 637 万亩，控制山区水土流失 1800 万亩。由于工业对农

---

① 《省委关于几年来工作的基本总结（第四次稿）》，1963 年 1 月 13 日，辽宁省档案馆档案。

② 《辽宁省经济委员会关于辽宁地方机械工业支援农业的情况和今后意见》，1963 年 3 月 28 日，辽宁省档案馆档案。

业的支援，农业机械设备和机修能力有了很大增长，1957 年全省仅有拖拉机 1120 个标准台，到 1962 年达到 6021 个标准台，机耕地面积由 2% 上升到 14%。排灌动力机械由 4.8 万马力增加到 46.7 万马力。大牲畜达到 215 万头，比 1961 年增加 9 万头，膘情也逐步好转。生猪发展到 270 万头，比 1962 年初增长 80.2%。胶轮大车 9.7 万多台，比 1957 年增加 2.3 万多台。耕地面积也有一定的恢复，施肥量也有增加[①]。特别是由于贯彻执行精简职工和缩减城镇人口政策，全省农村劳动力由 1960 年末的 413.6 万人，增加到 1962 年末的 506.8 万人，大大加强了农业战线；1961 年到 1962 年两年减少城镇粮食销量 9.7 亿斤[②]，在 1960 年以来粮食受灾减产的情况下，大大减轻了农业生产压力。

关于政治关系的调整。中共中央确定的全面调整方针，包括对国内政治关系的调整。调整政治关系是同调整经济关系配合进行的。七千人大会后，中共中央进一步指导和推动了党内和人民内部政治关系方面的调整工作，着重恢复国家正常的政治生活，调整与民主党派和无党派民主人士的关系，消除"大跃进"以来开展的一系列运动包括"反右倾"斗争所产生的消极影响，以更广泛地调动党内外的积极性，为国民经济调整而奋斗。

辽宁经过 1961 年至 1962 年的初步调整，不仅使全省工农业

---

① 《省委关于几年来工作的基本总结（第四次稿）》，1963 年 1 月 13 日，辽宁省档案馆档案。
② 《中共辽宁省委 1963 年精简职工、减少城镇人口计划（草稿）》，1963 年 3 月 11 日，辽宁省档案馆档案。

生产、人民生活、财政金融方面有了好转，而且在政治生活上、党内民主生活上也发生了一些变化。七千人大会后，辽宁在对国民经济进行进一步调整的同时，对政治关系也进行了进一步调整。

调整政治关系，首要的问题是恢复党内正常的民主生活。1957 年以来，由于"左"倾错误的发展，由于反对"右倾保守"，拔"白旗"活动的频繁进行，党的民主集中制原则和党内民主生活受到很大损害，党内上下级之间的关系不正常。领导工作脱离实际，脱离群众，听喜不听忧，不能听取不同意见，使下边同志不敢反映真实情况，心里有话不敢说，干部心情不舒畅，党内生活不活跃。过去几年常常采取过火斗争和惩办主义的办法，不适当地处分了一批人，其中许多是敢于坚持真理，敢于讲真话的党员干部。尤其是 1959 年的"反右倾机会主义"的斗争扩大了打击面，伤害了一批干部。1958 年以来，仅省管党内外干部受批判和处分的就有 426 人，占同级干部的 22.6%，其中党员干部受处分的 225 人，被定为右倾、反党受处分的占 63%[①]。1961 年 6 月 12 日，毛泽东在中共中央工作会议上讲话，认为 1959 年的"反右倾"犯了扩大化的错误，会议明确规定对过去几年受过批判和处分的干部、党员进行甄别。中共辽宁省委根据上述精神开始进行甄别工作。起初，由于一些同志对于甄别工作的重大意义认识不足，工作进展不快。在 1962 年 1 月七千人大会以后，根据中

---

① 《黄火青在省委常委扩大会议上的报告（草稿）》，1962 年 3 月 12 日，辽宁省档案馆档案。

共中央指示，中共辽宁省委抓紧了这项工作。到 6 月份，全省甄别平反错案 2.9 万起，完成 75%；省委要求：凡在拔"白旗""反右倾"、整风整社、民主革命补课运动（改造落后地区）中批判、处分错的干部、党员都要予以甄别平反。因对总路线、大跃进、人民公社、公共食堂、粮食、市场、"八字宪法"（即土、肥、水、种、密、保、管、工）等有意见而受到批判和处分的人，也一律平反①。在中共辽宁省委领导下，全省的甄别工作到 1962 年 11 月已完成全部工作的 97.5%，其中需要甄别的党员、干部 15.1508 万人，甄别结束的 14.6156 万人；需要甄别的群众 16.6886 万人，甄别结束的 15.8735 万人②。

　　总的来看，20 世纪 60 年代初辽宁对党员、干部的甄别工作，在中共辽宁省委领导下，认真贯彻落实中共中央和东北局的政策、部署，在全面了解情况之后，坚持原则，并从辽宁全省实际出发，努力排除"左"的干扰，切实推进工作，对一些党员、干部该甄别的甄别，该平反的平反，该重新分配工作的重新分配工作，从而解除了压在他们身上的政治包袱。可以说，这次甄别平反工作的开展，对于明辨是非，坚持民主集中制原则，充分发扬民主，密切党与群众以及上下级之间关系，从而调动辽宁广大党员、干部尤其是知识分子的积极性，团结广大人民恢复和发展工农业生

---

① 中共辽宁省委党史研究室编：《中共辽宁党史大事记（1949—1989）》，辽宁人民出版社 1995 年版，第 182—183 页。
② 《中共辽宁省委办公厅关于甄别工作进展情况统计表（1962 年 10 月末止）》，1963 年 1 月 8 日，辽宁省档案馆档案。

产，克服暂时困难起到了积极作用。但是，由于受到当时各方面因素的限制，这次甄别工作尚未全部解决党员干部受到错误处分的问题。

为了总结"大跃进"以来经济建设的经验教训，消除各级领导干部的思想顾虑，以适应国民经济调整方针贯彻执行的需要，根据《中共中央关于轮训干部的决定》，中共辽宁省委在省委党校组织干部轮训。从 1961 年 12 月开始到 1962 年底，已经轮训县委书记以上干部 6079 人，占计划轮训数 8267 人的 73.5%。各级党委的主要领导干部，各市、县委和中央、省属较大企业单位的党委第一书记、书记，参加轮训的占同职务干部的 73%。在轮训县委书记以上干部的同时，对科级以上基层领导干部也普遍地组织了轮训。到 1962 年底，已轮训完 7.4558 万人，占计划数 9.4772 万人的 78.7%[①]。在领导干部轮训中，充分发扬民主，自由地交换意见，对几年来工作中的错误、缺点进行实事求是的批评与自我批评；同时，对于"三面红旗"等重大问题也可以反映真实情况。轮训班号召学员畅所欲言，把几年来闷在心里的话都讲出来，以使上下通气。在整个轮训过程中，实行"不戴帽子、不打棍子"的政策，促进了各级领导干部的思想解放，消除了疑虑。通过在党校的轮训，学员结业后回到各自单位，有力地促进了国民经济调整工作的进行。事实表明，坚持实事求是、批评与自我批评的

---

① 《中共辽宁省委组织部、宣传部关于全省干部轮训工作简况及今后意见（草稿）》，1962 年 12 月 28 日，辽宁省档案馆档案。

优良传统和作风，以及开展党内正常的民主生活，对于政治关系和国民经济调整工作的顺利进行，具有重要推动作用。

党外政治关系的调整，也是政治关系调整工作的重要内容。七千人大会之后，中共中央采取积极措施改进与各民主党派的关系。刘少奇把七千人大会的精神向党外民主人士通了气，说明几年来国内工作的缺点、错误，责任在中国共产党，主要责任在中共中央。周恩来就政府工作中的问题代表国务院作了诚恳的自我批评。出席会议的各民主党派和无党派民主人士深受感动，纷纷表示愿与共产党同舟共济，团结一致，克服困难。中共辽宁省委的领导同志也学习中共中央领导同志的做法，采取积极措施改善与各民主党派的关系，注重发挥省政协的作用。1962年5月8日至19日，政协辽宁省委员会举行二届三次会议，中共辽宁省委第一书记黄火青出席，并就全省的形势和任务作了讲话。这次会议达到了党外政治关系调整的预期目的，有效巩固了统一战线。在国民经济调整工作中，各民主党派都能团结在中共辽宁省委的领导下，密切合作，充分发挥各自的组织作用。

调整党和知识分子的关系，是政治关系调整的应有内容。"大跃进"以来，拔"白旗"，批"白专"道路，破"资产阶级学术权威"，在知识分子中进行了许多过火的和错误的批判。有些单位甚至认为知识分子的绝对多数既然是属于资产阶级，他们就是社会主义革命的对象。在国民经济调整中，中共中央领导主持制定了"科学十四条""高教六十条""文艺八条"。辽宁贯彻上述条例，对科学、教育和文艺等领域的工作进行了调整，不仅使科学、教育和文化部门的工作秩序得到恢复，而且也初步改善了党与知识分子的关系。这里有一个关系到党对知识分子政策的根本问题，即知识分子的阶级属性问题，必须给予回答。继 1962 年 3 月周恩来、陈毅在广州会议上肯定中国知识分子的绝对多数已经属于劳动人民的知识分子之后，周恩来在全国人大二届三次会议上所作的政府工作报告中，再一次宣布这一科学论断。周恩来、陈毅讲话和全国人大会议精神的传达，使辽宁各条战线的知识分子深受鼓舞，心情舒畅，干劲倍增。同时，党和政府还对知识分子的工作环境和生活条件予以关注，使其有所改善。从而进一步发挥了知识分子的作用，促进了科学、教育和文化工作的发展。

在此前后，根据中共中央部署，辽宁还进行了右派分子的摘帽工作。辽宁全省在 1962 年有 6142 名右派分子摘掉帽子，加上 1962 年以前已经摘掉帽子的共有 8513 人，其中大部分人分配了工作。有关部门对他们的工资和生活待遇问题，普遍地进行调查，解决了一些实际问题。对于被错划为右派分子的人来说，单是摘去帽子并没有从根本上澄清是非，解决问题。但是，摘去帽子，毕竟在一定程度上使他们的政治处境和工作、生活状况有所改善，也有利于他们在工作中发挥作用。

注重开展思想政治工作，是政治关系调整的重要途径和方法。思想政治工作必须注意和经济工作密切结合，解决思想认识问题和解决实际问题相结合，并要做到深入细致，生动活泼，把握思想发展动态；要克服简单化、一般化的毛病。20 世纪 60 年代，在政治关系调整中，辽宁各地在思想政治工作的方法上，都总结了许多好的经验，诸如：先党内、后党外，先干部、后群众，党内与党外相结合，干部与群众相结合；政治活动与经常的思想工作相结合；党内的教育与社会的教育相结合；一般教育与个别教育相结合；对职工的教育与对职工家属的教育相结合，等等。这些做法都在实际工作中得到了运用，并不断地增添了新的内容。开展思想政治工作的根本目的是统一思想，加强团结。党的团结是党的生命，这一点在工业企业政治关系调整中非常重要，因为企业党的领导核心是加强企业里全党团结一致的关键。所有担负企业领导工作的党员干部，都要加强这种团结。在调整中，中共辽宁省委要求各级党委必须把加强党的建设工作摆在工业工作的首要地位，按照中共中央有关规定，制定规划，开展工作，健全组织，充实党的建设工作的干部。这些措施，对于推进工业战线调整起到了重要作用。

（三）顺利完成国民经济调整任务

1962 年上半年，全党集中全力对国民经济进行调整，国民经济逐渐复苏，各项事业呈现出明显的健康发展势头。中共中央从实际出发，认为在今后三年内，仍需继续贯彻"调整、巩固、充实、提高"的八字方针。从 1963 年开始，在国民经济和各项事业调整工作取得初步成果的基础上，辽宁全省国民经济进入全面调整时期。

为了贯彻落实中共中央有关会议精神，推进今后各项工作，中共辽宁省第三次代表大会于 1963 年 4 月 6—13 日召开。中共辽宁省委第一书记黄火青代表上届省委作题为《高举三面红旗，迎接社会主义建设新高潮》的报告；省委第二书记黄欧东作《关于辽宁省 1963 年到 1967 年农业生产规划（修正草案）》的说明；省委监察委员会第一书记张子衡作《关于党的监察工作的报告》。

会议通过了《中国共产党辽宁省第三届代表大会第一次会议决议》，指出：自从前届党代表大会以来，我省各级党组织和全省人民，在党中央和毛泽东同志的正确领导下，在东北局的直接领导下，高举总路线、大跃进、人民公社三面红旗，进行了大量工作，在政治战线上、经济战线上、思想战线上等各个方面都取得了很大成绩。经过贯彻执行"调整、巩固、充实、提高"的方针和党的各项农村政策，人民公社已经走上健康发展的道路，集体经济越来越巩固；农业生产除少数灾区外有了比较迅速的恢复和发展；工业生产已经开始稳步上升；市场情况日益好转，人民生活逐步改善。几年来，全省人民和广大干部经受住了阶级斗争和经济生活困难的考验，社会主义建设的积极性日益高涨。《决议》号召全省各级党组织和全省党员，团结一致，发愤图强，更高地举起总路线、大跃进、人民公社三面红旗，坚持和发扬党的实事求是、联系群众、艰苦朴素的优良传统，努力学习马克思列宁主义，努力学习毛泽东思想，提高思想政治觉悟，带动全省人民，调动一切积极因素，为争取今年农业丰收，为取得增产节约运动的胜利，为胜利完成会议提出的各项任务，为迎接社会主义建设的新高涨而奋勇前进！

1963 年 4 月召开的中共辽宁省第三次代表大会，正处于我国三年严重困难时期刚刚度过、国民经济经过初步调整得到比较顺利恢复和发展时期。会议着重研究了如何进一步贯彻执行对国民经济"调整、巩固、充实、提高"的八字方针，正确处理农轻重关系，解决人民的吃穿用问题。同时，提出了加强党的思想建设，加强党的民主集中制，健全党的领导干部组织生活等问题。当然，会议不可避免地受到此前于 1962 年 9 月召开的中共八届十中全会"左"的影响，后来会议精神的贯彻也受到"社会主义教育运动"中"左"的影响。尽管如此，会议对全省后来几年国民经济和各项事业的恢复和发展起到了积极作用。

农业生产战线，1962 年 9 月中共八届十中全会以后，辽宁省贯彻执行了《进一步巩固人民公社集体经济，发展农业生产的决定》，动员全省各方面力量，在人力、物力、技术、财政和组织领导上，积极支援农业生产。在指导思想上，贯彻执行"以粮为纲、全面安排、多种经营"的方针，因地制宜地推行农业"八字宪法"，采取农业技术改革和其他各项增产措施。在农村工作政策上，积极改善经营管理，全面落实《农业六十条》各项政策，进一步执行按劳分配政策，加强以勤俭办社为中心的经营管理工作，在一定程度上制止多吃多占、铺张浪费的风气和贪污盗窃的不良现象，形成勤俭办社的风气，从而进一步调动了农民群众的生产积极性。在农业生产上，抓住水、肥这两项关键性措施，按不同季节，抓住关键性的生产环节，从春到秋，环环扣紧，使农业生产质量有很大提高。由于各行各业支援农业，使技术改革进一步推行。

这些在政策上、经营管理上、生活技术上的各项措施，有力地促进了农业生产的发展。在全省粮食产量连续徘徊在八九十亿斤的三年之后，1963 年粮食总产量突破百亿斤，达到 113.5 亿斤。棉花、柞蚕、花生、麻类和烟草等经济作物产量都有大幅度提高；同时林业、畜牧业、副业和渔业也都有一定的恢复和发展。1964 年，气候条件不好，自然灾害频繁，对农业生产不利，但由于加强了农田基本建设，全省出现了大面积高产田，水稻平均亩产 500 斤以上；5 万多亩水稻样板田平均亩产 800 斤；营口县水源大队 4000 亩水稻，平均亩产 870 多斤。其他如玉米、花生等也都出现了高产田。这一年，虽然灾情严重，粮食仍获得 112.6 亿斤的收成。1965 年，是农田基本建设取得成效较多的一年。几年来共修建大中小型水库 111 座，蓄水能力 48 亿立方，修筑堤防 4000 多公里，初步治理了低洼易涝耕地 400 万亩。灌溉面积达 480 多万亩，初步建成了营口、盘锦、八一、浑蒲、浑北、东沟 6 大灌区和 60 多个万亩以上灌区，使这些地区的耕地基本上变成了稳产、高产田。在山区，治理坡地 700 多万亩，修水平梯田 60 多万亩。植树造林、封山育林都有发展。西北部地区的防护林带、林网初步建成，在一定程度上控制了风沙，保护了农田。农业生产机械化、农村电力事业也有很大发展，全省有拖拉机 7500 标准台，比 1958 年增加两倍。全省农村输电线路 1.5 万公里，低压线路 1.3 万公里，有 56% 的公社、40% 以上的大队用上了电。全省还建立大中小型电力排灌站 800 多处，打电井 6000 多眼。这些农田基本建设，对于抗灾夺丰收发挥了显著作用。1965 年，继 1964 年之后全省农业又遭受了旱灾和虫灾，但仍然获得丰收，粮食总产量达 134.1 亿斤，超过 1957 年水平；棉花、花生产量都有增长。大牲畜达到 247.8 万头；生猪达到 500 多万头，超过新中国成立以来的最高水平。在农业生产中又出现一大批高产田，其中水稻有亩产 890 斤的大面积高产田，玉米有 1000 斤以上的高产田。总之，农业生产已经复苏，恢复了元气。

工业战线，由于继续贯彻"调整、巩固、充实、提高"的八字方针，保证了工业生产稳步上升。1963 年，主要工业品的产量继续增长，产品的品种、质量有了新的发展，原料、材料、燃料的消耗显著下降，产品成本不断降低，劳动生产率继续提高。工业战线开展的增产节约运动，经过反浪费、比先进、找差距、挖潜力，基本上控制了生产上的损失浪费现象。工业战线大力加强了对农业的支援工作。工业交通部门从思想上端正了对支援农业的认识，从生产方向上做了必要的调整，组织大批干部深入农村调查，了解农村需要。在保证质量、降低成本的前提下，大挖潜力，开辟材料来源，积极试制支援农业的新产品。这样，不仅有力地支援了农业，也促进了工业生产的发展。工交战线，在 1963

年，以提高产品质量、增加品种为中心，加强技术管理，广泛地开展了技术协作活动以及技术革新、技术革命活动。在继续进行调整工作中，1963年重点抓了工业内部的填平补齐、成龙配套和企业内部的整顿工作。全省煤矿、铁矿和有色金属矿山都超额完成调整计划，过去遗留下来的剥离和掘进落后情况正在改变。通过两年多的调整，不仅积极地协调了工业内部各方面的比例关系，加强了薄弱环节，而且壮大和发展了一些新兴工业部门，提高了工业生产技术水平，扩大了技术队伍。在工业品类上，合成纤维、合成塑料、合成洗涤品、无线电、精密仪表和稀缺品种钢材等生产能力都有了新的增长，并且在新产品开发、生产方面也有了新的突破。1963年，辽宁工业总产值完成115.9亿元，比1961年、1962年都有所增长。为了进一步推动工业生产，1963年4月19日，辽宁省工业群英会召开，先进集体、先进生产者、先进工作者代表800余人出席会议。中共辽宁省委第一书记黄火青在会上讲话时指出：工业战线由于贯彻调整方针和关于工业、手工业等一系列政策条例，加强了为农业服务的工业生产，充实了内部的薄弱环节，职工的生产积极性不断提高。职工积极参加增产节约运动，在增加品种、提高质量、降低成本、扭转亏损、增加盈利、提高劳动生产率等方面都创造了巨大成绩。全省工业生产水平正在稳步上升，这与全体先进生产者、先进工作者的辛勤劳动和模范作用是分不开的。他希望这些英雄、模范在今后生产劳动中继续做出优异的成绩[①]。

到 1964 年，辽宁省工业方面的调整任务已经基本完成，主要表现在：

第一，工业支援农业的生产有了很大发展。在调整期间，各地各部门大力加强支援农业工作，对一些企业的生产进行定产品、定方向，实行专业化生产，促进农业生产资料工业的发展。从1961 年到 1964 年，全省试制和生产 70 多种农机、农药新产品。1963 年，农业生产资料的产值达 8 亿元，比上年增长 20%。农业生产资料的工业产值，在全省工业总产值中所占比重，1957 年和1960 年分别为 2.6% 和 4.6%；1963 年为 5.8%。几种主要产品均有较大的增长：1964 年，化肥产量为 5636 万吨，比 1957 年增长50%；比 1960 年增长 58.9%；比 1963 年增长 30.8%。农药 353万吨，比 1957 年增长 45%；比 1960 年增长 52.7%；比 1963 年增长 21.8%。机械器具 1.26 万台，柴油机 3.84 万台。其他各种小农具的生产在品种、质量和数量上已经基本满足农业生产需要。

第二，轻工业生产得到加强。为扭转市场供应紧张的情况，在安排吃穿用方面做了大量工作，有些产品由无到有，如塑料、合成纤维、合成脂肪酸、缝纫机等都是最近几年发展的。几种以工业品为原料的轻工产品增长幅度与 1963 年比较，塑料增长 19%；塑料鞋底增长 5 倍多；自行车增长 75%；缝纫机增长

---

① 《黄火青在全省工业群英会上的讲话》，1963 年 4 月 19 日，辽宁省档案馆档案。

34%；化学纤维增长40%。以农产品为原料的轻工业生产，棉纱增长90%；棉布增长67%；丝织品增长1倍；麻袋增长1.5倍；卷烟增长78%。

第三，矿山调整有了很大发展，采掘、采剥失调现象有所克服。到1964年末，铁矿、有色金属矿山的生产准备工作的欠量已基本补还完，调整任务基本完成。

第四，工业生产不断发展。经过调整，有些待业的关、停工业企业已经基本复工生产，纺织工业的复工任务已经基本完成，生产能力迅速恢复发展；工业设备失修状况有了改善。在此基础上，工业发展整体水平不断提升。1964年，全省工业总产值达到137.5亿元，比1963年增长17.7%，是整个调整时期增长幅度最大的一年。大部分产品产量完成或超额完成国家计划。

第五，推广与应用了一批新技术、新工艺，发展了一些过去没有的现代新兴工业。据不完全统计，1963年，全省工业系统推广了36项较大的新技术、新工艺；从军工企业移植出26项先进技术；有近50个企业与20多个科研单位挂钩，引出50多项科研成果，研制成功30多种有水平的新产品；从上海等其他省市学到2600多项先进经验，已有1400多项应用于生产。

第六，经济管理工作开始改进。到1964年底，地方工业已经组织起12个专业公司，所属企业120个，职工8.8万人，产值占地方工业总产值的15%以上。这些公司发挥了集中管理、分工协作的优越性，在组织生产中发挥了很好的作用。在部分企业中推选了专业化与协作，改革了"大而全、小而全"的状况。

根据 1962 年 10 月全国计划会议精神，从 1963—1965 年，辽宁全省继续贯彻实行"调整、巩固、充实、提高"的八字方针以及以农业为基础，以工业为主导的发展国民经济总方针，按照农轻重的次序，把经济建设规模调整到与工农业生产相适应的程度；把工业生产调整到同农业、能源、原材料的可能性相适应的程度；继续精简职工，压缩城镇人口，达到与商品粮和副食供应相适应的程度。计划安排强调实事求是，符合实际，留有余地，综合平衡。经过全省各级领导和人民 3 年的努力，调整工作取得显著成效。主要包括：

第一，国民经济比例失调状况有所改善。国民收入分配上缴和积累过高局面得到扭转。上缴国家的国民收入比重由"二五"时期接近 30% 调整到 11.4%。辽宁全省积累率由"大跃进"时期的 45.5% 和"二五"时期的 32.2% 调整到 26.2%，分别下降 19.3 个百分点和 6 个百分点。农轻重产值的比例由"二五"时期的 9.6：23.7：66.7 调整为 1963 年至 1965 年的 1.9：23.8：64.3，保证了国民经济持续稳定增长。1963 年至 1965 年，全省社会总产值达到 223 亿元，3 年分别增长 12.5%、17.8% 和 22.5%。国民收入 3 年平均增长 15.7%，与"一五"时期的年均增长率 15.8% 基本持平。农业总产值达到 21.2 亿元，3 年分别增长 16.5%、7.1% 和 12.2%。工业总产值达到 170.5 亿元，3 年分别增长 11.7%、18.6% 和 25.1%，主要工业产品稳定增长。在此期间，还建成一大批大中型厂矿企业。机械工业已能生产高精度机床、重型矿山冶炼设备、大型通用设备、大型内燃机车和 1.2 万吨巨轮。化学工业首创中国生产乙丙酰胺技术，建成 1000 吨乙丙酰胺装置投入生产。主要行业的产品质量、成本、效益、消耗指标有 80% 达到历史最高水平，重要农业生产指标都恢复到"大跃进"前的 1957 年水平。

第二，基本建设投资规模继续得到控制。按照压缩规模、缩短战线的要求，清理和压缩了非生产性基建项目。3 年投资总规模 22.69 亿元，平均每年 7.56 亿元，比"二五"时期平均每年减少 54.3%，投资方向也作了适当调整。生产性投资所占比重由 1962 年的 86.5% 降为 1965 年的 81.7%，非生产性投资由 13.5% 上升为 18.3%。其中，住宅由 4.4% 上升为 6.3%。对农业投资比重比"大跃进"时期提高一倍左右，重工业投资相应下降。

第三，财政收支状况好转，市场供应显著改善。1965 年，辽宁财政收支由连年赤字转为平衡，市场零售物价总指数 3 年间连续下降，分别下降 3.4%、4.9% 和 5.0%，货币流通量与商品库存的比例由 1962 年 1∶2.5 增加为 1∶3.3。市场供应虽仍偏紧，但凭票供应的肉、蛋曾一度敞开供应，人民生活进一步得到改善。1965 年，农民平均从集体分得口粮达 179.5 公斤，比 1960 年增长 97.5 公斤，加上自留地产粮，每人占有粮食 200 多公斤。每个农民从集体分得的收入为 61.8 元，比 1962 年增长 7.5%，比 1960 年增长 27.7%。全民所有制职工平均工资达 749 元，比 1962 年增长 7.1%。

综上所述，20世纪50年代后期，由于在经济建设上急于求成，在政治思想领域从反右派斗争的扩大化到庐山会议"反右倾"，使社会主义建设事业受到很大损失，也使人们增长了见识，积累了经验。经过20世纪60年代国民经济调整方针的贯彻执行，社会主义建设事业又取得了很大成就。

历史的车轮滚滚向前，历史的辉煌必须永远铭记。我们应该深刻认识20世纪60年代辽宁调整工作的历史功绩和时代价值，全面挖掘、总结宝贵经验和启示，大力弘扬辽宁人民在调整实践中不断探索、艰苦奋斗、砥砺前行的可贵精神，以助力新时代辽宁全面振兴、全方位振兴，积极为实现中华民族伟大复兴贡献力量。

五、开展城乡社会主义教育运动

从 1962 年到 1966 年上半年，我们党在以主要注意力继续贯彻"调整、巩固、充实、提高"八字方针，恢复和发展国民经济的同时，在中共八届十中全会重提"阶级斗争"的思想指导下，作为贯彻"反修防修""反复辟"、防止"和平演变"的战略部署，在全国部分城乡开展了社会主义教育运动（最初在城市叫"五反"运动，后来 1965 年初发布的《农村社会主义教育运动中目前提出的一些问题》（以下简称《二十三条》）规定，城市"五反"运动和农村社会主义教育运动简称"四清"运动，即是以"清政治、清经济、清组织、清思想"为主要内容的运动）。辽宁和全国各省、市区一样，从 1962 年到 1966 年上半年，在城乡也先后开展了大规模的社会主义教育运动，前后历时 4 年左右。辽宁城乡的社会主义教育运动，从 1959 年 12 月开始，就经历了准备、起步和展开与深入三个阶段。

（一）准备阶段（1959 年 12 月—1962 年 12 月）

对广大农村干部和群众进行社会主义教育，一直是毛泽东关心的一个大问题。早在 1957 年 7 月，即反右派斗争开始后不久，他就表示"赞成迅即由中央发一个指示，向全体农村人口进行一次大规模的社会主义教育"。1957 年 8 月 8 日，中共中央发出《关于向全体农村人口进行一次大规模的社会主义教育的指示》。1958 年 11 月 1 日，在开展整风运动过程中，中共辽宁省委发出《关于今冬明春普遍开展社会主义和共产主义教育运动的指示》。其实，当时的社会主义和共产主义教育运动是属于整风、反右派以及农业"大跃进"的内容，另外时间也不长。1959 年庐山会议以后，中共中央再一次提出要在农村进行一次社会主义教育。在此背景下，1959 年 12 月 22 日，中共辽宁省委发出《关于在农村深入开展社会主义、共产主义教育运动的指示》。这一指示认定：今年夏季以来，一部分有严重资本主义思想的富裕中农，发动了向党的猖狂进攻，反对总路线、大跃进和人民公社。特别严重的是他们拉拢、腐蚀干部，篡夺小队、大队领导权……另外，农村党员和基层干部当中有少数代表富裕中农利益的右倾机会主义分子和他们积极配合向党进攻……农村中曾一度出现邪气上升的局面。农村两条道路的斗争依然还是当前需要解决的主要问题。基于这种分析，省委决定在今冬明春，在农村充分发动群众，以两条道路斗争为纲，开展一次深入的社会主义、共产主义教育运动。

并指出这次运动总的要求是：充分发动广大农民群众，开展两条道路的斗争，集中地、彻底地批判以富裕中农为代表的资本主义自发倾向，以此为纲来对全体干部、党员和农民群众普遍进行一次深刻的社会主义、共产主义教育，进一步提高他们对总路线、大跃进和人民公社的认识，以便把社会主义建设总路线的红旗举得更高，把干劲鼓得更足，为明年的继续大跃进打下思想基础。同时，《指示》还部署了搞好县委整风、武装阶级队伍、重点批判、系统整改、进行整党整团中的组织处理工作等具体步骤①。但当时辽宁只是一般地进行了教育，并未在全省发动大规模的运动，而且，运动按要求到 1960 年 2 月底就已经结束。

1961 年 11 月 13 日，中共中央下发《在农村进行社会主义教育的指示》，要求在农村普遍地进行一次社会主义教育，以"统一农民和干部的认识，发扬他们爱国爱社的热情"，并指出"不断地用社会主义的思想教育农民，不断地提高农民群众的政治觉悟和爱国热情，这应当是我们一项经常工作"②。

11 月 18 日，中共辽宁省委印发《中央关于在农村进行社会主义教育的指示》的通知，要求全省各市、县委并公社党委遵照中共中央指示广泛深入地开展社会主义教育，同时，规定了具体步骤：为了首先教育干部，统一认识，以便通过他们更好地向农

---

① 《中共辽宁省委关于在农村深入开展社会主义、共产主义教育运动的指示》，1959 年 12 月 22 日，辽宁省档案馆档案。
② 《中共辽宁省委关于印发〈中央关于在农村深入进行社会主义教育的指示〉的通知》，1961 年 11 月 18 日，辽宁省档案馆档案。

民进行宣传，请各市、县委立即进行讨论，总结前一段形势教育的经验，并在 12 月上旬，召开一次包括农村支部书记和生产队长参加的三级或四级干部会，结合总结基本核算单位下放到生产队的试点经验和总结前一段以农副产品收获、分配、收购为中心的农村工作，认真学习中央的这一指示，进一步妥善安排好今冬明春工作①。

　　1961 年 12 月 29 日，辽宁省人委发出《关于下达〈目前形势和当前工作安排的报告〉的通知》指出，在农村工作方面，利用春耕以前这段时间，结合冬季生产，要广泛深入地开展社会主义教育，进一步深入贯彻政策和端正干部作风。通过社会主义教育，社员和干部会进一步提高社会主义、集体主义和爱国主义思想；进一步认识巩固工农联盟、城乡互助和兼顾国家、集体和个人利益的重要意义。《农业六十条》必须进一步全面贯彻执行，根据中共中央指示，在春耕前必须调整一般地以生产队为基本核算单位的三级所有制；把以粮食为中心的主要农、牧产品的征购大包干办法和任务落实到队。通过教育，端正干部作风，进一步树立实事求是、深入调查研究和有事同群众商量的优良作风。通过社会主义教育，深入贯彻执行方针政策、端正干部作风，更有力地鼓舞农民群众的政治积极性和生产积极性，从而更好地恢复和发

---

① 《中共辽宁省委关于印发〈中央关于在农村深入进行社会主义教育的指示〉的通知》，1961 年 11 月 18 日，辽宁省档案馆档案。

展农业生产 [①]。由于中共中央要求"这次教育，只作口头宣传"，加上"要结合农村的各项具体工作进行，不单独开展运动"，所以这次运动在辽宁也是一场比较普遍的思想教育运动，融入农村工作之中，不带有十分显著的特点。

（二）起步阶段（1962 年 12 月—1963 年底）

这一阶段是辽宁社会主义教育运动的试点阶段。

1. 农村社会主义教育运动

1962 年 9 月，中共八届十中全会又一次提出进行社会主义教育，决定在全会后，在全国城乡发动一次普遍的社会主义教育运动，开展大规模阶段斗争。根据中共中央指示精神，中共辽宁省委于 12 月 7 日发布《关于在农村开展以坚持社会主义方向 巩固集体经济为中心内容的社会主义教育的指示》，指出：从贯彻《十二条》《农业六十条》以来，农村总的形势是好的。农民群众的生产积极性有了很大提高，绝大多数人民公社的集体经济有了进一步的巩固；绝大多数党员、干部和农民，是坚持走社会主义道路的。但同时也要看到：全省大约还有 15% 左右的生产队的集体经济还不够巩固，在这些地方，单干倾向比较严重。这种单干倾向，已经在一些党员、干部和农民中发生腐蚀作用，模糊了

---

① 辽宁省人委《关于下达〈目前形势和当前工作安排的报告〉的通知》，1961 年 12 月 29 日，辽宁省档案馆档案。

社会主义方向，对集体经济发生了动摇。这种闹单干的人虽然不是多数，但他们的思想影响却很广泛，如不及时抵制，任其泛滥，将不利于人民公社集体经济的巩固，会大大影响农业生产的发展。鉴于这种情况，中共辽宁省委决定根据中共八届十中全会精神，紧密结合农村冬季工作，在全省农村开展以坚持社会主义方向、巩固集体经济、发展农业生产为中心内容的社会主义教育。以便通过这次教育，在党员、干部和农民中，明确社会主义方向，进一步贯彻《农业六十条》，进一步巩固集体经济，进一步调动广大党员、干部和农民的维护集体经济积极性，为搞好农业生产打下思想、物质基础。《指示》指出，在运动具体进行中，要注意四方面问题：一是结合总结本地区的生产和工作经验，向干部、党员和农民进行国内外形势教育；二是树立各种正面典型，用大量的典型事实来向群众进行集体经济优越性的教育；三是按照《农业六十条》和《中共中央关于进一步巩固人民公社集体经济、发展农业生产的决定》，认真地检查本队的生产工作和政策贯彻的情况，从而提高干部、社员的认识；四是通过群众的切身经验，用群众自我教育的方法，对群众进行阶级教育，提高群众的阶级觉悟。《指示》提出，社会主义教育要坚持正面教育的方法。对人民内部的问题，要坚持摆事实、讲道理，正面引导，以理服人，一律不采用大会点名批判的方法，不要抓典型进行斗争，更不得打人骂人，重复过去错误的做法；对于一贯的严重的投机倒把分子，要依法制裁；对于地富分子的造谣、破坏，要发动群众坚决回击，对他们实行专政。此外，还提出对正当集市贸易和《农业六十条》允许的小开荒、自留地、家庭副业等要加以保护，不能一律反对，一切都要以《农业六十条》作为衡量是非的标准。搞好农村社会主义教育的标志是既提高思想认识，又要搞好生产。《指示》还指出，在社会主义教育中，首先要教育好农村的基层党员、干部，然后再在群众中行动。《指示》强调，农村的社会主义教育，是贯彻八届十中全会精神的一项十分重要的工作。各级党的组织，都要把这一工作摆到重要日程上，加以认真地领导。各市、县委都要有一名书记或副书记自始至终负责这一方面的工作，认真抓好；担负农村工作的负责干部，要深入社、队，亲自摸索社会主义教育经验①。

在做好准备、部署之后，从 1963 年春开始，辽宁第一批农村社会主义教育在沈阳、旅大、鞍山、辽阳、抚顺、本溪、安东、锦州、营口、阜新、朝阳、盘锦农垦局等市选择了 13 个公社、1 个农场，共 14 个单位、234 个大队、1629 个生产队进行了省、地（市）试点②。然后第二批进行了县（区）试点，这批试点包括 63 个公社、927 个大队。

这些试点的单位，就其工作基础来看，在辽宁全省居于中等或中上等水平。这次试点工作的领导力量比较强，都组织了

---

① 《中共辽宁省委关于在农村开展以坚持社会主义方向巩固集体经济为中心内容的社会主义教育的指示》，1962 年 12 月 7 日，辽宁省档案馆档案。
② 中共辽宁省委农村社教办公室：《关于省、市农村社会主义教育运动试点工作概况的报告》，1963 年 1 月 4 日，辽宁省档案馆档案。

一二百人的工作队，中共中央东北局宋任穷、褚凤岐等领导，中共辽宁省委王良等领导都亲自主持了试点工作；各市试点几乎都有一两名市委书记挂帅蹲点；绝大多数的试点所在县的县委书记和公社的党委书记参加了试点工作。据统计，参加试点工作队的各级干部共有 2500 人，其中市地级以上干部 18 人，县级干部206 人[①]。

1963 年 2 月，中共辽宁省委宣传部、农村工作部向省委上交了《关于农村社会主义教育运动情况的报告》，报告建议，在农村社会主义教育运动中，必须坚持正面教育，划清政策界限。既要克服对两条道路斗争熟视无睹的麻痹情绪，又要防止扩大化和简单化。既要进行社会主义方向的教育，又要进行政策教育。必须坚持按《农业六十条》办事，不容有任何动摇。这个《报告》反映的问题非常重要，后经省委传达到全省各地，保证了农村社会主义教育运动试点工作的顺利进行。

在农村社会主义教育运动试点工作中，中共锦县县委在社会主义教育运动中坚持以正面教育为主的方针，采用了领导干部开讲和群众自我教育相结合的方法，着重对群众进行阶级教育，采用了通过回忆村史、合作化史和贫下中农家史等三史进行今昔对比，通过好坏生产队的对比，解决了群众的许多思想问题，从而提高群众阶级觉悟和社会主义觉悟的做法。对这一做法，当时东

[①]　中共辽宁省委农村社教办公室：《关于省、市农村社会主义教育运动试点工作概况的报告》，1963 年 1 月 4 日，辽宁省档案馆档案。

北局第一书记宋任穷曾以个人名义给中共中央、毛泽东主席写了报告，经毛泽东批转全国。

1963 年 5 月 2 日至 12 日，中共中央在杭州召开部分政治局委员和各中央局书记参加的小型会议，研究农村社会主义教育运动问题，讨论通过了《关于目前农村工作中若干问题的决定（草案）》（以下简称《前十条》）。这个文件对国内的政治形势作了过分严重的估计，认为当前中国社会出现了严重的尖锐的阶级斗争情况。根据《前十条》精神，中共辽宁省委加强了对农村社会主义教育运动试点单位的领导，并于 5 月 12 日向中共中央及东北局报告了全省农村社会主义教育运动情况。报告中说：这次社会主义教育是近几年我省社会主义教育效果最好、作用最大的一次，使群众明确了方向，提高了觉悟；贯彻了政策，改进了工作，推动了生产。这次教育运动规模广，声势大；既轰轰烈烈，又踏踏实实；既严肃地批判了资本主义倾向，统一了认识，又具体扎实地贯彻执行了党的政策，解决了具体问题；对个别地方出现的简单粗暴偏向，也及时地进行了纠正。整个运动的发展是正常、健康的。对于农村社会主义教育运动中存在的问题，省委认为：主要是运动的发展不平衡，约有 20% 左右的生产队搞得比较粗糙，不深不透；运动开始时，县以上领导干部深入生产队亲自向群众作报告少；运动中虽然始终强调了依靠贫农、下中农，树立阶级优势的问题，但是对于建立贫农、下中农阶级组织还不够明确，很多地方没有建立这一阶级组织；对农村干部思想作风上的问题解决得不够好，着重强调了正面教育，没有提出干部"洗澡""下楼"的问题。因此，对干部中存在的多吃多占、特殊化、贪污盗窃、投机倒把等问题，只简单扫了一下，很不彻底。报告提出，根据党中央和毛主席关于阶级、阶级斗争和社会主义教育的指示精神，结合辽宁具体情况，准备在今后经常的社会主义教育工作中抓好以下问题：一是社会主义教育应紧紧围绕农业生产进行；二是建立领导干部下乡作报告的制度；三是有领导、有计划地开展写全村的阶级斗争史、合作化发展史和贫农、下中农家庭的阶级斗争史的活动；四是有领导有计划地建立贫农、下中农阶级组织；五是进一步发动干部参加劳动，逐步养成习惯，形成制度，长期坚持下去；六是各级党委要进一步把社会主义教育提到党委的重要日程上来，认真加强领导[①]。正是按照这样一个工作思路，加上贯彻中共中央、东北局的指示和《前十条》的精神，辽宁农村社会主义教育运动试点工作开始向深入发展。

　　辽宁农村社会主义教育运动试点工作进行了一年左右时间，到 1963 年末，这项工作基本结束。这次试点工作大体上分为四个阶段：（1）准备阶段：包括训练工作队干部；工作队到村宣传中共中央"十项"决定，稳定干部和群众情绪，并通过"三同"，扎根串联，物色、选拔参加三级干部会议的贫下中农代表；调查摸底，了解敌情和干部队伍情况；帮助公社党委"洗手""洗澡"，

---

① 《中共辽宁省委关于农村社会主义教育的报告》，1963 年 5 月 12 日，辽宁省档案馆档案。

拟好三级干部会议的动员报告，等等。（2）三级干部会议阶段：集中工作队的主要力量，帮助公社开好三级干部会议。同时留一部分工作队干部，在村内继续进行扎根串连调查摸底工作；有的地方还采取了会内会外相结合的方法，会内一齐发动，推动开好会议。三级干部会议一般分为五步：传达讨论中共中央"十项"决定；由县委、公社党委带头"洗手""洗澡"，担担子；全面系统地揭敌人盖子；干部查上当、放包袱、"洗澡"，贫下中农帮助干部"擦背"；民主讨论政策界限，研究会后开展运动的步骤和方法。（3）社会主义教育或对敌斗争阶段：公社三级干部会后干部回村的工作，一般做法就是先传达三级干部会议精神，继续扎根串连，扩大阶级队伍，以生产大队为单位训练贫下中农骨干分子和未参加三级干部会议的干部，为开展社会主义教育和对敌斗争做准备。在社会主义教育和对敌斗争两个步骤的摆法上，各地一般地是从当地的具体情况和群众的迫切要求出发，有两种不同做法：一种是先搞社会主义教育，后搞对敌斗争；一种是先搞对敌斗争，后搞社会主义教育。在具体做法上，先从社会主义教育开始的大队，都首先在贫下中农中开展回忆诉苦，进行以"三史"为主要内容的阶级教育，揭敌人的盖子，然后转向干部自觉地查上当、放包袱，"洗手""洗澡"，在这个基础上深入开展社会主义教育工作。先从对敌斗争开始的大队，有两种做法：一种是三级干部会后干部回村，边传达会议精神，边组织干部"洗手""洗澡"，初步缓和一下不正常的干群关系，然后大搞群众性的回忆诉苦、"三史"教育，揭敌人盖子，开展对敌斗争；另一种是回村后就进行回忆诉苦、"三史"教育，揭敌人盖子，开展对敌斗争。多数地方在对敌斗争之后，开展了两条道路斗争，批判了资本主义和扫荡了歪风。有的地方把这项工作是放在集中阶段进行的。（4）建设阶段：在社会主义教育和对敌斗争之后，就转入建设阶段，在这个阶段主要进行了10项工作：评审四类分子，建立监督管理制度；查原因、找危害，进行思想建设；学习《农业六十条》，划清政策界限，全面贯彻《农业六十条》政策；改进经营管理工作，建立健全各项管理制度；制定秋收分配方案，落实分配政策；总结生产经验，学习农业发展纲要"四十条"，讨论、制订明年和长远的生产规划；总结干部参加劳动方面的经验，制定规划；全面整顿基层组织，处理与改选干部，进行党员登记；召开贫下中农代表大会，正式成立贫下中农委员会；发动干部和群众共同总结这次运动的经验，组织复查验收，建立好各种档案，并完整地移交给公社党委和支部。

1963年11月，中共辽宁省委农村社会主义教育办公室向省委、东北局农委、国务院农办，12月向省委报告了辽宁农村社会主义教育运动的试点工作情况及经验，指出这次试点工作成绩巨大，效果显著，基本上实现了重新教育人，重新组织革命阶级队伍的要求，达到了团结95%以上干部和群众，共同对敌，进一步巩固无产阶级专政和进一步巩固集体经济，发展生产的目的；并且大大促进了全省农村形势向着更加有利的方面发展。报告还指出了主要收获有七点：一是对广大农村干部和社员群众进行了一次极为深刻的阶级和阶级斗争的教育；二是建立了贫下中农阶级组织，树立了贫下中农阶级优势；三是打垮了阶级敌人的猖狂进攻，遏止了资本主义活动，扫荡了歪风邪气；四是比较彻底地解决了在社、队干部中长期存在的"四不清"问题，大大改善了党群关系和干群关系；五是整顿了基层组织，纯洁了干部队伍，充实了基层组织的领导核心，大大提高了党的基层组织的战斗力；六是进一步调动起农民群众的集体生产积极性，推动了当前生产；七是经过试点，省、市领导上取得了社会主义教育运动直接的完整的经验，等等。

对于辽宁农村社会主义教育运动试点工作的不足之处，报告指出：有 10% 左右的大队遗留一些问题，有的大队搞得不深不透；有些地方工作比较粗糙，形成了走过场；有些地方对两条道路斗争问题解决得不够好；有些社、队退赔工作抓得不够紧；有 8 个社发生自杀事件，共死亡 17 人，其中生产队干部 4 人，贫下中农群众 5 人，四类分子 7 人，监外执行的刑事犯 1 人[1]。

辽宁省农村社会主义教育运动试点工作结束后还进行了组织处理工作，这项工作到 1964 年 4 月初基本结束。据统计：已结束组织处理工作的 11 个公社，共有社、队干部 6028 名，其中犯有严重或比较严重错误的 579 名，占干部总数的 9.6%；经过复查

---

[1]　中共辽宁省委农村社教办公室：《关于省、市农村社会主义教育运动试点工作概况的报告》，1963 年 11 月 4 日，辽宁省档案馆档案。

核实，最后决定给予各种纪律处分的 79 名，占干部总数的 1.31%。从干部队伍中清洗出地富反坏分子和蜕化变质分子 13 名，占干部总数的 0.2%。11 个公社共有党员 3223 名，其中犯有比较严重错误的 535 名，占党员总数的 17%；经过复查核实后，给予处分的 60 名，占党员总数的 1.86%。从党内清除地富反坏分子和蜕化变质分子 15 名，占党员总数的 0.46%[①]。

2. 城市社会主义教育运动（"五反"阶段）

1962 年 12 月 8 日，中共辽宁省委发布的《关于在城市深入开展社会主义教育的指示》指出，在城市中，在政治思想上，经过一系列的社会主义教育，特别是最近一个时期的八届十中全会精神的宣传和国际主义、爱国主义和社会主义教育，广大干部和职工的觉悟有了很大的提高，绝大多数立场是坚定的，方向是明确的，他们不但经受起了暂时困难的考验，而且在各方面都作出了贡献。但是，目前城市中也出现了一些值得严重注意的问题。许多情况表明，阶级斗争、两条道路的斗争在城市也有深刻的反映。少数资产阶级分子，利用我们的暂时困难，攻击三面红旗和社会主义制度，极力散布资产阶级影响……少数党员干部也滋长了资产阶级个人主义思想，革命意志衰退；模糊和动摇了社会主义方向，放松了政治思想领导。这些对党、对革命、对社会主义

---

① 《中共辽宁省委批转省委监委〈关于农村社会主义教育运动第一批试点组织处理工作的基本总结和今后意见的报告〉》，1964 年 6 月 20 日，辽宁省档案馆档案。

建设事业是十分有害的。《指示》提出：在城市应根据八届十中全会的精神和中共中央关于"三个主义"教育的指示，以当前国内外形势、阶级和阶级斗争、发展国民经济的总方针等三个问题为重点，向广大干部和各阶层人民群众普遍地进行一次深入的、全面的、系统的社会主义教育。其目的是使广大干部和人民群众认清形势，加强阶级斗争观念，提高阶级觉悟，巩固全民和集体所有制经济，抵制资产阶级思想影响，坚定社会主义方向。《指示》还针对各自不同的对象和特点，对城市社会主义教育运动提出了不同要求：在国营企业中，应针对当前职工群众存在的实际问题，讲清阶级斗争的总形势和在企业内部的表现，讲清国家利益和个人利益的关系、眼前利益和长远利益的关系，使他们自觉抵制资产阶级思想的影响；在财贸系统中，要联系实际讲清两条道路斗争在财贸战线的反映，同时要学习中央关于商业工作的决定，从而改善经营管理，提高服务质量；在青年和学生中，要进行远大前途和准备作为好的共产主义接班人的教育，进行阶级教育以及革命历史、革命传统和共产主义道德品质的教育；对知识分子应启发他们发奋图强，钻研业务，做出成就，克服忽视政治和思想改造的倾向；对党员干部，应进行形势教育、阶级教育和社会主义方向教育，进行党的方针政策教育，进行党的民主集中制教育。关于教育的方法，《指示》指出，必须坚持正面教育的方针，采取和风细雨的方法，并且应当采取广泛的宣传和深入组织学习相结合；普遍教育和个别教育相结合；宣传教育与解决实际问题相结合；先干部后群众，先党内后党外的方法进行。在具体进行中，必须同当前的工作与生产、干部群众的思想实际以及贯彻执行党的方针政策紧密地结合起来。同时要求在教育中要注意七个问题：首先抓好干部的学习，这是搞好社会主义教育的重要环节；领导干部一定要亲自出马；要注意大力宣传正面典型；要注意总结克服困难，贯彻政策，搞好生产的经验；在正面教育的基础上，允许群众自觉自愿地进行自我检查；在进行教育时，应根据可能的条件，多方设法帮助群众克服生活上的某些实际困难；要注意划清界限，特别是划清敌我矛盾和人民内部矛盾、思想问题和政治问题的界限。《指示》强调，这次社会主义教育是全党的任务，各部门、各单位要在党委的统一领导下，分口负责，对所属的干部学习和群众的宣传教育，都要具体地做出计划和安排并及时向省委报告情况、经验和问题①。

城市社会主义教育运动是在"五反"（反对贪污盗窃、反对投机倒把、反对铺张浪费、反对分散主义、反对官僚主义）运动基础上开始的。从 1963 年 3 月到 1964 年 5 月底，辽宁全省有9367 个全民所有制单位开展了社会主义教育运动，占单位总数的95.4%②。

1962 年中共八届十中全会以后，辽宁的许多工业交通企业和

---

① 《中共辽宁省委关于在城市深入开展社会主义教育的指示》，1962 年 12 月 8 日，辽宁省档案馆档案。
② 《关于重新安排城市五反和社会主义教育运动的规划》，1964 年 7 月 18 日，辽宁省档案馆档案。

商业企业在向广大职工普遍进行社会主义教育的基础上，初步地发动了群众，以提高质量、增加品种、降低成本、扭转亏损、增加赢利和提高劳动生产率为主要内容，开展了增产节约运动（在商业企业则是以减少商品流转环节、合理组织商品运输、扩大购销业务、处理"三清"积压物资为主要内容的改善经营管理运动）。

1963 年 3 月，中共中央关于开展增产节约和社会主义教育运动的指示下达后，辽宁的增产节约和社会主义教育运动，在试点的基础上分期分批地开展起来。这次运动从开始到 1964 年 8 月，是分三批三个阶段进行的。

三批：第一批，省、市、县级直属机关，中央、省、市属工业企业大部，市直属商业企业，文教卫生及农业事业、企业的一部；第二批，中央、省、市工业企业一部，县、区工商企业、文教卫生及农业事业、企业一部；第三批，县区工业全部，商业企业、文教卫生单位全部，农业事业一部。

三个阶段：第一阶段是增产节约阶段；第二阶段是前"三反"阶段（反对铺张浪费、反对分散主义、反对官僚主义）；第三阶段是后"两反"阶段（反对贪污盗窃、反对投机倒把）。

这一年多的城市社会主义教育运动，大多数单位领导都很重视，认真贯彻执行了中共中央的方针政策。在运动中，各单位反复向职工进行了阶级和阶级斗争的教育，并进行了反对阶级敌人破坏活动以及批判各种错误思想行为的斗争。运动取得了相当的成绩。第一，揭露了大量的严重的问题。全省通过这次运动初步揭发出有贪污盗窃、投机倒把行为的 5.1 万多人，占职工总数的 2.5%；有相当多的单位存在贪污盗窃问题。另外，也揭出各级领导干部中存在的相当严重的问题。第二，各级领导机关和领导干部的思想作风有了一定程度的转变。特殊化、多吃多占、铺张浪费之风已基本刹住。第三，对生产和工作起了促进作用，工业产品产量稳步上升，质量显著提高，成本不断下降，各项指标完成得都比较好。但是，运动不深不透，还没有解决根本问题。主要表现在：大部分没有实现原来五反的要求；没有把群众充分发动起来。造成运动不深不透的原因主要是对运动重大意义认识不足、对问题估计不足、存在急躁情绪等[①]。

（三）展开与深入阶段（1964 年 1 月—1966 年 6 月）

这一阶段是辽宁社会主义教育运动的铺开阶段，也是最主要阶段。

1. 农村社会主义教育运动

这一阶段辽宁农村社会主义教育运动共开展了三批，但由于"文化大革命"的爆发，实际只开展了两批。

辽宁农村第一批社会主义教育运动于从 1964 年 1 月开始在全省各县农村铺开，到 1965 年 6 月基本结束。具体分为三个阶段。

---

① 　徐少甫：《关于城市五反和社会主义教育运动的意见》，1964 年 7 月 13 日，辽宁省档案馆档案。

第一阶段：从 1964 年 1 月到 1964 年 7 月。辽宁农村第一批社会主义教育运动从 1964 年 1 月铺开，到 1964 年 6 月，全省已经结束和正在开展社会主义教育运动的公社 172 个，占全省农村公社总数（1138 个）的 15%；大队 2414 个，占全省大队总数（14469 个）的 16.5%。其中，省市（地）试点 13 个公社，220 个大队；县（区）试点 63 个公社，927 个大队；目前县（区）正在开展第一批运动的有 95 个公社，1267 个大队 ①。

这第一批社会主义教育运动单位，继续坚持了试点阶段的"两手抓""三结合、回忆诉苦""三史"教育等一些做法，以《前十条》和 1963 年 11 月 14 日中共中央政治局扩大会议上通过的《关于农村社会主义教育运动中一些具体政策的规定（草案）》（以下简称《后十条》）为指导思想，强调团结 95% 以上的干部。在开展社会主义教育运动的同时，还广泛开展了学解放军、学大庆、学大寨的活动。关于社会主义教育运动的步骤，一般是工作组进驻社、队以后，先是访贫问苦，扎根串连，然后或先开展社会主义教育；或先进行对敌斗争；或者交叉进行，主要视各社队情况而定，但无论是先开展社会主义教育或者先对敌斗争，都以阶级斗争贯串始终。每一个社、队都配备有省、市、县、公社四级干部组成的社会主义教育运动工作队。这一段的农村社会主义教育运动，由于有试点的经验，省市负责人和县委书记都没有蹲点。

---

① 中共辽宁省委农村社会主义教育办公室：《当前农村社会主义教育运动的情况和问题》，1964 年 6 月 17 日，辽宁省档案馆档案。

这一段采取的政策是比较好的，诸如，更加强调"保护干部""依靠基层"，提出的一些口号也都是比较正确的。如"团结 95% 的干部是团结 95% 的基础""一切通过支部""支部坐正座，工作组当参谋""工作队离村时要有支部鉴定"，等等。这一阶段对干部的处理也比较得当，基本没有处理干部。

第二阶段：从 1964 年 8 月到 1965 年 1 月，即中共中央 5 月会议精神下达以后至《二十三条》下达前。第一批农村社会主义教育运动预定到 1964 年 7 月末可以大部分结束，但由于 1964 年 5 月在北京召开的中央工作会议而改变了部署。在这次会议上毛泽东说：全国有三分之一的基层单位的领导权不在我们手里。刘少奇说："四不清不仅下面有根子，上面也有根子，而危险性在于上层。当时与会的其他人也同意这样的估计。都做好了城市农村社教要搞四五年的思想准备 ①。1964 年 9 月 18 日，中共中央发出《关于印发农村社会主义教育运动中一些具体政策规定的修正草案的通知》，对《后十条》进行了修改。修改后的《后十条》对敌情估计更加严重，更加不符合实际，认为："敌人拉拢腐蚀干部建立反革命的两面政权"，是"敌人反对我们的主要形式"，说"这次运动，是一次比土地改革运动更为广泛、更为复杂、更为深刻的大规模群众运动"。这个文件对第一个《后十条》"依靠基层组织和基层干部"的提法有所改变，提出对农村基层组织

---

① 宋任穷：《宋任穷回忆录》，解放军出版社 1994 年版，第 394 页。

和基层干部，经过扎根串连和调查研究后，分别情况区别对待，可依靠的就依靠，不能依靠的就不依靠，农村社会主义教育运动都由工作队领导。

根据5月中共中央工作会议和中共中央《关于印发农村社会主义教育运动中一些具体政策规定的修正草案的通知》的文件精神，中共辽宁省委于9月28日做出《关于重新安排城乡社会主义教育运动的补充决定》，对于城乡社会主义教育运动进行了调整。在农村社会主义教育运动部署上，一是关于运动的安排收缩战线，原来拟定从1964年末到1965年上半年利用冬、春季节，在每县各搞两三个公社，经调整后决定改为全省在金县、开原、喀左三县和沈阳五三公社集中力量打歼灭战，便于在一个县内城乡上下一起发动。对于重新安排的3县农村社会主义教育运动必须保证工作队的数量和质量，要达到每个生产队配备骨干1—2人；生产大队3—5人；公社7—10人。工作队必须经过学习、训练和审查方可入队。调整后金县等3个县共62个公社、848个生产大队、6383个生产队、105.5万人，占全省农村应参加运动人数的7%左右。二是根据中共中央5月会议和第二个《后十条》的精神对已经搞完的包括试点阶段和第一批开展农村社会主义教育运动的172个公社、2414个大队进行复查。从1964年7月到11月复查了92个公社，中共辽宁省委认为"根据主席、少奇同志的指示和5月中央会议精神检查，过去的农村社会主义教育运动总的说是不深不透，正如中央指出的那样，过去的一年多的工作，是打了败仗，不是打了胜仗"。其表现是，1964 年 6 月以前的 172 个公社社会主义教育运动没有进行过夺权斗争。复查中发现大约有 23%—30% 左右应夺权而未夺权，与中共中央估计的有 1/3 左右的基层领导权不掌握在我们手里的情况相符合。所以 6 月以前存在着严重右倾思想[①]。9 月以后，中共辽宁省委又连续转发《关于一个大队的社会主义教育运动的经验总结》（即《桃园经验》）等文件。这些文件和报告对于正在城乡社会主义教育运动中发展的"左"的指导思想起了推波助澜的作用。这一阶段，由于调整了全省农村社会主义教育运动部署，集中在 3 个县打歼灭战，所以更加强调放手发动群众，充分揭露和批判干部四不清问题。对阶级斗争形势、干部四不清和"和平演变"的情况估计过了头，把广大基层干部甩在一边，甚至不加区别一律进行"小战斗"；有些地方还发生打骂和变相体罚的现象，伤害了大批干部。最大的问题是按"全国有三分之一左右的基层单位，领导权不在我们手里"的估计，展开夺权斗争，甚至有些县、社、大队夺权单位达到一半以上。在工作方法上孤立静止地扎根串连，只在少数积极分子里兜圈子。这一阶段是农村社会主义教育运动最"左"的时期。

第三阶段：从 1965 年 2 月到 1965 年 6 月，即中共中央《二十三

---

① 《中共辽宁省委关于重新安排城乡社会主义教育运动的补充决定》，1964 年 9 月 28 日，辽宁省档案馆档案；李荒：《在农村社会主义教育工作队组长以上干部会议上的动员报告》，1964 年 11 月 13 日，辽宁省档案馆档案。

条》下达以后到第一批铺开结束。1964年底至1965年初，中共中央在北京召开工作会议，毛泽东主持制定《二十三条》，《二十三条》肯定了干部的多数是好的或比较好的，要尽快解脱他们，逐步实行群众、干部、工作队三结合；工作方法上要走群众路线，不搞神秘化，也不要靠人海战术，社会主义教育要落实在建设上面，增产要成为搞好运动的标准之一。这些规定，初步纠正了自1964年下半年以来一些过"左"做法。但《二十三条》并没有改变"左"的指导思想，尤其是提出运动重点是整党内那些走资本主义道路的当权派，为后来阶级斗争扩大化的"左"倾思想进一步发展提供了根据。

1965年春，在贯彻执行《二十三条》过程中，辽宁在农村社会主义教育运动中采取了"两手抓""三结合"的方法，召开贫下中农代表会和三级干部会，大搞群众运动。这一阶段进一步明确了依靠多数、团结多数，孤立打击少数的思想，解放和团结了大多数干部，进行了同党内少数坚持走资本主义道路的当权派的斗争，同时进行了阶级成份的清理，深入地开展了对有破坏活动的四类分子的斗争，并结合着抓了经济退赔、建立健全领导班子，以及其他一些组织建设的准备工作。这一阶段在运动的前期出现了一些问题，如在"三结合"问题上，注意发挥县社队各级组织的作用不够，未能使他们真正参与运动的领导；工作队人数过多，包办代替的现象也比较严重；在清经济过程中，存在着单纯追求经济数字、就事论事的现象；培养领导核心的工作抓得晚了一些；运动中曾一度出现急躁松劲情绪。但是这些问题都及早发现、及时解决了。这个阶段辽宁农村社会主义教育运动的成果可从金县、开原、喀左3个县和1个公社五三公社的情况反映出来：到1965年6月份，这3个县1个公社有95%以上的干部得到解放。清理出多吃多占、贪污盗窃以及投机倒把获利的现金654万多元，粮食641万多斤。其中，"万字号"大贪污盗窃分子12人；贪污盗窃千元以上的826人；贪污盗窃千斤粮以上的537人。经济退赔，现金271万多元，粮食229万多斤。在3个县抓出有严重问题的重点对象1029人，占干部总数的3.4%；3个县夺权和半夺权的大队137个，占大队总数的17.4%。此外，还破获一些重大反革命和潜伏的特务案件，挖出长短枪60支、子弹3114发。在清理阶级成份时，采取了实事求是的态度。有些地方土地改革时地主、富农已超过8%，但历次运动地富比例不断上升，有的地方达到15%—20%，甚至升到30%；而贫下中农则由土改时的50%—60%，下降到40%左右。造成这种混乱的原因是在土改后历次运动中，只查漏划，不查错划，地主、富农比例直线上升，不能下降。这次，3个县在运动后期清理阶级成份时，只对"两头"进行清理，而不重划，政策是"重在表现，就低不就高"，有些漏划的地主、富农，属于可划可不划的，一律不划。过去应划为中农而误划为下中农或贫农的，不再变动，贫下中农错划为中农或地主、富农的则坚决划回来。另外，把没有剥削行为、政治上表现好的中农划为下中农，以壮大阶级队伍。关于经济退赔过头的问题，也根据《二十三条》的规定精神进行了纠正[1]。

在辽宁省农村第一批社会主义教育运动中，中共中央东北局第一书记宋任穷在金县三十里堡蹲点，解决了一个富农女儿入党问题。金县亮甲店公社葛麻大队富农女儿孙云杰，原来是大连机车厂子弟小学的教师，1962年响应号召从城里回乡参加农业生产，思想进步，劳动积极，表现很好，要求入党。当时大队党支部和工作队想发展她入党，但对家庭出身有所疑虑。后来辽宁省委书记处书记、金县工作团团长王良征询宋任穷的意见。宋任穷根据中央关于有成份论，不唯成份论，重在政治表现，对剥削阶级家庭出身的子女要给出路等政策精神，当即表示同意。不久，孙云杰被批准入党。农村"四清"运动结束后，孙云杰被调到县里任团县委副书记[2]。有此一例以后，各地也有吸收剥削阶级家庭出身的青年男女入党入团的情况。

辽宁农村第一批社会主义教育运动于1965年6月基本结束后，第二批社会主义教育运动从1965年7月开始，预计1967年全部完成。根据东北局提出的农村第二批社会主义教育运动优先安排三线地区、海防和重点产粮县的要求，辽宁农村第二批社会主义教育运动在沈阳、旅大、锦州、丹东、营口、本溪、朝阳、

---

[1]　《中共辽宁省委关于重点县社会主义教育运动情况的第二次报告》，1965年6月17日，辽宁省档案馆档案。

[2]　宋任穷：《宋任穷回忆录》，解放军出版社1994年版，第397—398页。

鞍山、阜新、抚顺等市铺开，在 10 个县 240 个公社、30 个农场和林场、3190 个大队进行。全省共抽调 9.2 万名工作队员进驻各社会主义教育运动单位。根据中央军委和毛泽东关于军队干部要参加地方社会主义教育的指示，辽宁的工作队中有军队干部 1.9 万人。另外，工作队中还有社会青年 1.59 万人，大专学生 1.5 万人。各工作队、组的先遣队于 7 月中旬进点，大批工作队于 8 月中旬前后陆续进村。到 11 月份，各点都陆续开完贫下中农代表会和三级干部会，解放了 70%—80% 的干部，并开始解决二、三类干部问题和批判坚持走资本主义道路的当权派。据统计，共揭发出贪污盗窃、投机倒把（获利）、多吃多占现金 1470 多万元，粮食 1660 多万斤；清出长短枪 76 支，子弹 2500 多发。同时，对秋收生产和农田基本建设也有了很大的推动①。辽宁农村第二批社会主义教育运动的具体做法是：在运动全面铺开之前，拿出一个多月的时间，首先把县（郊区）、社领导机关的问题解决一下。工作队进村就大力宣传《二十三条》，大造声势，大搞群众运动。经过初步发动群众和摸底之后，放手地让贫下中农群众民主选举代表，召开大队贫代会，充分发挥贫代会的作用。运动一开始，就注意群众、干部、工作队三结合。运动中突出抓阶级教育，用回忆诉苦、编讲三史、举办阶级教育展览等多种形式，进行阶级教育。尤其是全面进行社会主义教育，政治、经济、思想、组织

---

① 《关于当前农村四清运动情况的报告》，1965 年 11 月 6 日，辽宁省档案馆档案。

一齐搞，不把清经济、政治分两段，并注意了思想路线。同时还结合了整党和建设工作，结合了学习毛主席著作等活动①。

值得一提的是，辽宁农村第二批社会主义教育运动吸取了第一批社会主义教育运动抓运动、抓阶级斗争很紧，但和生产结合得不够紧，对一些生产中的问题注意不够，解决得也不好的教训，根据东北局第一书记宋任穷在海城县牌楼公社下房身大队蹲点时向鞍山市委和海城县委提出揭生产斗争盖子问题的做法，普遍安排了专门揭生产斗争盖子的阶段和内容。所谓揭生产斗争盖子，就是在运动中间专门拿出一些时间，就本社队的生产方面的关于落实"八字宪法"，农业技术改造、改进经营管理、治山治水、植树造林等一系列问题揭摆出来，研究措施，提出改进方案。这一活动虽然也不能跳出当时阶级斗争的窠臼，但却受到了时刻关心生产、生活和建设自己家乡的干部、群众的支持和拥护。在当时的形势下，能够提出揭生产斗争盖子、注重发展生产，也是很难能可贵的。"文化大革命"中，宋任穷的这一主张被当作唯生产力论而加以批判。

辽宁农村第二批社会主义教育运动到1966年5月前后相继结束，工作队撤出。以后也安排了第三批社会主义教育运动，有的已经进点，但因"文化大革命"已经发动，虽然提出结合"文化大革命"进行，但实际上已不能开展社会主义教育运动，工作

---

① 《中共辽宁省委关于当前农村四清运动情况的报告》，1965年11月30日，辽宁省档案馆档案。

队已进点的先后撤出。

2. 城市社会主义教育运动

这一阶段辽宁城市社会主义教育运动的铺开，较之于农村社会主义教育运动的铺开要晚一段时间。

1964年5月中共中央工作会议后，中共辽宁省委提出：根据中央工作会议精神，城市五反和社会主义教育运动必须内外结合，城乡五反、四清联合夹攻，上下互相推动，坚持分期分批的原则。城市社会主义教育运动，除原定五反内容外，还要增加划阶级，整顿党、团、工会、民兵组织，登记党员、团员、会员，干部参加劳动和领导机关进一步革命化等要求①。辽宁城市社会主义教育运动带有试点性的第一批，从1964年8月开始，1965年六七月份先后结束。省委派出1.4万余名干部，组成59个工作团（队），在145个基层单位的20万职工和4.6万应受教育的居民中进行。其中工矿企业46个；财贸企业51个（商店）；文教卫生部门12个；机关18个；农企事业单位2个；街道办事处16个②。

辽宁城市社会主义教育运动是在1964年中共中央5月会议以后开始的，1964年下半年是全国城乡社会主义教育运动执行政策最"左"的时期。总的形势是对敌情估计过于严重，对于干部

---

① 《关于重新安排城市五反和社会主义教育运动的规划》，1964年7月18日，辽宁省档案馆档案。

② 《辽宁城市社会主义教育运动第一批的初步总结（修改稿）》，1965年6月1日，辽宁省档案馆档案；《中共辽宁省委关于城市社教运动第一批试点情况和今后的部署的报告》，1965年6月17日，辽宁省档案馆档案。

队伍的问题也看的过重。谢富治在辽宁的蹲点对城市社会主义教育运动执行"左"的政策起了重要作用。1964 年，时任公安部部长的谢富治到沈阳冶炼厂蹲点。谢富治特地写了《沈阳冶炼厂资本主义经营管理方法种种》的报告上报中共中央和毛泽东。12 月 5 日，毛泽东对谢富治的报告作了批示："我们的工业究竟有多少在经营管理方面已经资本主义化了，是三分之一，二分之一，或者更多一些，要一个一个地清查改造，才能知道。而要这样做，必须派政治上很强的工作队分期分批去做。谢富治的报告可以一看。"

当时中共辽宁省委的认识也把敌情看过了头。1964 年 12 月 15 日，中共辽宁省委召开城市社会主义教育运动问题座谈会，会议认为：过去我们对社会主义时期阶级斗争的长期性，对当前阶级斗争的严重尖锐情况，特别是对无产阶级专政条件下阶级斗争的新形势新特点认识是很不够的。会上引用省委监委的一个不完全统计材料称：初步发现城市基层组织中领导核心烂掉、半烂掉的有 111 个单位。其中，领导权被地富反坏分子篡夺的有 22 个单位；领导权被蜕化变质分子所掌握的有 28 个单位；领导核心严重不纯，进行各种违法乱纪活动的有 61 个单位。在这次社教 70 个试点单位中，初步发现有 28 个单位烂掉或半烂掉，占试点单位总数的 40%。所有试点单位，都发现有相当大的一部分科室和车间，领导权被坏人所把持或篡夺。据 37 个试点单位的 719 个车间科室的统计，烂掉或半烂掉的 272 个，占 38%。这些材料说明，毛主席说有三分之一的基层组织的领导权不在我们手里的论断，是完全正确的，是符合全国情况的，也符合辽宁的情况①。这说明，当时中共辽宁省委已尽量按毛泽东的估计去寻找"敌情"。后来在 1965 年初下达了《二十三条》，对执行的过"左"政策有一定纠正，但把问题看得仍然是相当严重的。

1965 年 6 月，辽宁城市第一批社会主义教育运动即将结束时，中共辽宁省委进行了总结并上报中共中央和东北局。这个总结和报告认为，这段城市社会主义教育运动的发展基本上是健康的，其主要收获是：广泛、充分地发动了群众；比较彻底地解决了干部四不清的问题，广大干部和职工群众受到了深刻的教育，提高了阶级觉悟和政治觉悟，增强了阶级斗争观念，基本上划清了敌我界限和社会主义与资本主义两条道路的界限，坚定了社会主义方向；干部作风大有转变，改变了干群关系，推动了机关革命化；有力地促进了生产建设，等等。这些认识还是正确的。但这个总结和报告，同时对于敌情和干部队伍的问题，却看过了头。报告中说：在开展教育运动的 145 个单位中，挖出隐藏的地富反坏分子 1010 人；阶级异己分子 65 人；蜕化变质分子 68 人，共占这些单位职工总数的 0.6%；揭发出犯有贪污盗窃、投机倒把错误的 3854 人，占职工总数的 2%。在领导权的问题上，认为少数单位领导权或部分领导权被坏人篡夺。据对 145 个单位的 478 名正副

---

① 黄欧东:《坚决反对右倾思想,放手发动群众,把城市社教运动搞深搞透!》,1964 年 12 月 15 日,辽宁省档案馆档案。

书记、厂矿长、经理、局院长等主要领导干部排队分析，性质严重的 59 人，占这些干部的 12.3%。在 4857 名包括车间主任、门市部主任的科长以上干部中，性质严重的 318 名，占这些干部的 6.5%。这些人中有逐渐蜕化变质分子、钻进来的地富反坏分子、资产阶级分子、阶级异己分子和其他坏分子。在对干部队伍的分析估计上，认为有些干部受资产阶级思想的影响和腐蚀，开始"和平演变"或已经变质。他们贪图安逸享受，革命意志衰退，道德败坏，腐化堕落，生活糜烂透顶，严重丧失立场，包庇重用坏人，严重个人主义，勾心斗角，争权夺势，闹无原则纠纷，严重官僚主义，生活特殊化，损公肥私，作威作福，严重脱离群众，对工作不负责任，损失浪费惊人。还有一些干部贪污盗窃，投机倒把相当严重，这类干部占职工总数的 2%；工矿企业中犯有这类错误的占 1.5%；财贸部门占 8%；某些国家机关中也有人利用职权贪赃枉法。总结和报告中，还认为许多企业资本主义经营思想倾向相当严重，对社会主义计划经济起着腐蚀和破坏作用①。

对第一批城市社会主义教育存在的问题，中共辽宁省委认为，运动发展不平衡，有 10%—15% 的单位，群众发动不够充分，问题揭发不深不透；个别单位在斗争中重点还不明确，敌我界限、是非界限划分不清；还有一些单位对隐藏在企业中的地富反坏分子和贪污盗窃分子，没有认真地进行清查，对党内走资本主义道

---

① 《辽宁城市社会主义教育运动第一批的初步总结（修改稿）》，1965 年 6 月 1 日，辽宁省档案馆档案。

路的当权派，批判斗争不够，等等①。

辽宁城市第二批社会主义教育运动于 1965 年 6 月前后陆续进点，派出 3.1 万多名工作队员，其中包括军队干部 1700 多名，参加锻炼的大学生 3400 多名，组织 410 个工作队，在 1009 个基本核算单位、11 个城市公社，64 万名职工和 5.4 万名社会居民（街道社会受教育对象）中开展了运动。这批开展社会主义教育运动的单位，重点是工交、财贸企业，而且大多数是中央直属的大中型骨干企业和国防企业，少数是问题比较严重的单位。这批运动结束后，辽宁的全部石油、电力企业；半数以上的煤炭、冶金、机械、化工和军工企业；半数左右的铁路、邮电企业就可以搞完运动。其他教育卫生、科学研究、文化艺术事业、机关团体、手工业以及街道居民的运动，可在以后陆续进行。辽宁城市第二批社会主义教育运动一开始即按照《二十三条》进行。

1965 年底，中共辽宁省委向中共中央、东北局报告了辽宁第二批城市社会主义教育运动情况。省委认为："这批城市社会主义教育运动对形势认识比较客观。绝大多数工作队，都坚持从实际出发，进点前派先遣队摸情况，进点后深入调查研究，在充分发动群众，大揭阶级斗争盖子的基础上，一分为二，全面分析，既看到大好形势，也看到阶级斗争的严重性、尖锐性，既看到广大群众和多数干部是好的，也看到'和平演变'的严重性，把握

---

① 《中共辽宁省委关于城市社教运动第一批试点情况和今后的部署的报告》，1965 年 6 月 17 日，辽宁省档案馆档案。

住了运动的性质和重点。"实际上这就是辽宁第二批城市社会主义教育运动的指导思想。这一阶段运动的具体做法是：一是利用有利形势，放手发动群众，没有搞孤立的静止的扎根串连，而是把政策思想发动和组织行动结合起来，把大刀阔斧地放手发动同个别细致的工作结合起来。多数工作队进点后，先用一段时间，以中央《前十条》和《二十三条》为指针，反复进行思想发动，充分运用职工代表大会的形式，组织群众大鸣大放大揭发，同时做好艰苦细致的个别发动工作，解决一些群众最关心、最有影响的生产和生活福利问题。揭发问题目标集中，重点突出，质量较高。二是注意两手抓，两依靠，逐步三结合。一方面深入地发动群众揭发干部的问题，一方面启发、促进干部自觉革命。在对干部的工作中，贯彻了严肃、积极、热情和实事求是的精神，并且事前做好思想准备和材料准备。对群众揭发的问题，进行分类排队，查证核实，分清是非，强调"三允许"（允许本人申辩，允许别人解释，允许保留意见），强调边整边改。运动中，重点解决了三类干部的问题，同时也严肃认真地批判了干部的思想作风问题；检查了个人问题，也检查了党委核心中的问题，并且及时解放了大多数干部。三是一开始就注意自始至终抓整党建党，自始至终抓整改，自始至终抓专案，自始至终抓生产。四是认真训练工作队，狠抓政治思想工作，提高工作队的政治水平。工作队在工作中，根据运动的发展和上级党委的指示，普遍地进行了训练，结合实际，学习和领会党的方针政策和指示，并对照检查工作，总结经验，肯定成绩，找出差距，克服缺点，不断前进；坚持三同，加强调查研究等，从而提高工作队的工作水平。这一阶段工作的结果，据报告称：自工作队进点后到年底，在183个单位中，对9695名科级以上干部初步分类排队，其中性质严重的262名，占2.7%；另据897个单位初步统计，已揭发出地富反坏、阶级异己分子4467人，蜕化变质分子49人，两项共占参加运动总人数0.8%；犯有贪污盗窃、投机倒把错误的1.048万人，占参加运动总人数的1.78%。群众和干部受到了很大的锻炼和教育，促进了生产[①]。实际上，这个结果是阶级斗争扩大化后的产物，并不符合实际，夸大了敌情，处理过多，打击面过大。

辽宁城市第二批社会主义教育运动进展较快的单位大体上于1966年四五月份结束，但这时"文化大革命"气息已经很浓，有些单位未及作最后组织处理即先后撤出。

这场城乡社会主义教育运动，被视为国内"反修防修"的重大战略措施，在事实上已成为当时党的工作重心。整个运动是在政治领域"左"倾错误不断发展中进行的，其指导思想是不符合中国社会实际情况的关于阶级、阶级矛盾和阶级斗争的错误理论。在这个错误理论指导下，党内一些认识上的分歧和实际工作中的问题，许多人民内部的矛盾，都被当作是阶级斗争或者是阶级斗争在党内的反映，而进行批判和斗争；特别是在毛泽东关于全国

[①] 《中共辽宁省委关于第二批城市社教运动情况的报告》，1965年12月27日，辽宁省档案馆档案。

有三分之一左右的基层单位的领导权不在马克思主义者手里的错误估计的指导下，在许多单位中以领导权被坏人掌握为由，大抓党内走资本主义道路的当权派，进行夺权斗争，伤害了一大批党内外干部，甚至伤及一大批群众。辽宁全省在社会主义教育运动中有13155名党员受到各种不同处分，占全省党员的1.8%，同时，一些有利于搞好农村经济，有利于发展生产和改善农民生活的正确意见和措施，一律被指责为资本主义倾向而加以打击，因而挫伤了群众生活积极性，阻碍了生产的发展。这场社会主义教育运动深化了党在阶级斗争问题上的误区，使阶级斗争严重扩大化的错误理论和错误实践越演越烈，实际上成为"文化大革命"的预演。社会主义教育运动的教训是深刻的。

　　但是，辽宁城乡社会主义教育运动只是在局部地区和单位开展，而且是分批分期进行的，在运动中对有些具体政策作了正确的或基本正确的规定；在运动过程中发生的一些严重偏差，一方面有轻重程度的差别，一方面有的也逐渐得到一些纠正，当时还强调运动要在不误生产、密切结合生产的条件下进行，把增产与否作为衡量运动搞得好坏的标准之一，从而在一定程度上减轻和限制了运动的消极面。同时也应该看到，运动中揭发出的干部队伍中贪污、盗窃等不正之风和集体经济经营管理方面的问题，在当时也起了一定积极作用。如在经济管理方面，不少农村生产队长期账目、财务不清，管理制度不健全；在干部作风方面，较普遍地存在着多吃多占、瞎指挥、官僚主义等问题，少数干部欺压群众，农民群众的社会主义积极性受到压抑；贪污盗窃，投机倒把等犯罪活动，少数坏人的破坏活动，以及封建迷信活动等歪风，也确有发生，这些问题，在社会主义教育运动中大部分解决了。

六、开展群众性技术革新和技术革命运动

群众是实践的主体；众人拾柴火焰高。工人阶级的忘我投入、积极奉献以及聪明才智和创造精神的充分发挥，是 20 世纪五六十年代辽宁社会主义建设事业不断发展的动力和源泉。辽宁群众性技术革新和技术革命运动的开展，凸显了辽宁工人阶级在社会主义建设实践中的积极进取和勇于担当精神。

（一）技术革新和技术革命运动的开展

从 1958 年开始，为了攻克难关，解决生产中的一些关键问题，提高生产效率，在大搞群众运动的形势下，全国各地出现了技术革新和技术革命的形势。辽宁是工业企业密集的省份，技术革新和技术革命尤其具有重要意义。1960 年 1 月，中共中央发出大搞技术革新和技术革命的指示，辽宁在原来已开始进行的技术革新基础上，又掀起了一个新高潮。

在辽宁众多工业企业里，鞍钢的技术革新实行最早，规模和声势也最大。1959 年 11 月间，鞍钢组织技术表演，提出大量技术革新项目。从 1960 年元旦开始，从矿山到炼钢、炼铁厂，从各主要生产部门到生产辅助部门都投入了这场运动。从元旦到 2 月初的一个月左右时间内，鞍钢职工提出技术革新建议 10 万多件，对于生产计划的完成起到了促进作用。第一中板厂把职工提出的 700 多件解决烧钢能力不足的建议搭配成套，最后综合成"双层烧钢法"，提高烧钢能力 30%。初轧厂实现"轧双锭"的技术革新后，又实现了"双推""双切""双吊""双送"等一套新的操作技术，使全厂生产能力提高 31%。

鞍钢技术革新活动的最大特点是十分注意把工人的干劲、智慧和丰富的实践经验同工程技术人员的理论知识相结合，以解决一些重大技术问题。第二炼钢厂工人与技术人员一起创造了用设计能力为 185 吨平炉炼出 330 吨钢的纪录，而且保证了平炉多装、快炼、安全。

在广大职工大搞技术革新和技术革命运动的基础上，中共鞍山市委于 1960 年 3 月 11 日向中共辽宁省委和中共中央提交了《关于工业战线上的技术革新和技术革命运动开展情况的报告》。中共鞍山市委的这个报告，经毛泽东批示，认为鞍钢自己创造了"鞍钢宪法"。于是"鞍钢宪法"的提法被确立，并被广泛引用；"鞍钢宪法"得到了有效贯彻。

在贯彻"鞍钢宪法"过程中，鞍钢的技术革新和技术革命运动有了更大发展。与此同时，辽宁全省的技术革新和技术革命运动也掀起高潮。当时的技术革新和技术革命，是在"大跃进""特大跃进"的形势下兴起的，但它的出现适应了工业生产发展的客观需要。辽宁是工业大省，它的生产建设体系担负着支援全国建设的任务。在当时条件下，虽然大多数企业的设备比其他地区稍有优势，但总体来说，机械化、半机械化水平还不高；自动化、半自动化的水平更低一些。当时生产任务重，企业设备不足，劳动力不足，迫切需要使企业的生产向机械化、半机械化、自动化、半自动化的"四化"方向发展。实际上，技术革新和技术革命运动在一定程度上推动了"四化"的发展。1960年1—2月，沈阳全市机械化、半机械化程度增长10%左右，出现了301条生产自动线、联动线，节省劳动力3万多人。沈阳钢铁厂实现了土吊、火车推进器等11项重大革新，变体力劳动为机械化、半机械化操作，平均提高效率3倍以上，节省100余劳动力。沈阳市第三建筑工程公司木工试制成功的电动割冻土机，每天可开24立方冻土，一台机器相当于原来40名工人的劳动效率。全省其他地区的技术革新和技术革命运动也迅速发展，特别是在解决变手工操作为机械、半机械化操作，变机械化操作为自动化、半自动化操作方面取得了明显效果。

为了推动全省技术革新和技术革命运动的发展，中共辽宁省委、辽宁省人委于1960年4月10日召开全省工业战线技术革新和技术革命先进集体、革新者代表会议。省委领导在会上作了总结，提出今后技术革新和技术革命的主要任务是，迅速提高机械化、半机械化，自动化、半自动化水平，大力提高劳动生产率；大搞原材料生产，继续开展群众性夺材大战；大搞企业管理革命，特别是注意解决企业综合经营问题；大力支援农业，掀起一个规模更大的各行各业特别是工业战线全面支援农业的群众运动，从而使这一运动沿着正确、科学、全民的轨道继续前进。在代表会议上，中国科学院沈阳分院聘请省内 92 名革新家为特邀研究员，使这些工人出身的优秀革新家步入科学研究殿堂，把自己的丰富生产实践与科学理论结合起来，也给科研部门注入了新鲜血液，这一方向在当时以及后来都是正确的。在代表会议上，被聘请为特邀研究员的著名革新能手、刨工出身的王崇伦，冲压女工尉凤英等相继登台讲话。在技术革新和技术革命运动中，全省涌现出一大批优秀革新能手、技术能手，为社会主义建设作出了突出贡献。冲压女工尉凤英从 1953 年到 1960 年共完成技术革新 107 项，刀具改革后提高功效 14 倍，改革的冲具提高功效 100 余倍，曾提前 434 天完成"一五"计划的生产任务。沈阳铸造厂工人出身的副总机械师张成哲，从 20 世纪 50 年代开始搞技术革新，成功地研制出自动芯卡机，提高功效 10 多倍。他研制的铸铁管漂浮检验机，填补了铸铁行业的空白①。

技术革新和技术革命运动的大发展，促进了辽宁生产建设的

---

① 朱川、沈显惠：《当代辽宁简史》，当代中国出版社 1999 年版，第 179—184 页。

大发展，保证了国民经济指标的按时超额完成；同时也改变了企业的技术面貌。运动的锋芒一开始就指向那些占用人力多、劳动强度较高的混凝土、砂浆、钢筋、垂直运输、厂内运输、建筑、土方等工种，使机械化、半机械化水平迅速提高。广大职工通过技术革新和技术革命的实践，进一步解放了思想，提高了集体主义觉悟，发扬了工人阶级的积极首创精神。在运动中，涌现出成千上万的"革新能手"和"革新迷"，他们废寝忘食，苦干实干，几十次、几百次地坚持试验，一直到成功为止。本溪的砌砖盘就是连续试验了三百多次才成功的。许多普通工人、描图员、勤杂人员成了"发明家""革新家"。技术革新和技术革命运动的大发展，不仅改变了企业的生产技术面貌和人们的精神面貌，同时也推动了生产组织、企业管理工作的改革，促进了企业文化发展，推进了其他各项工作。

上述情况表明，当时辽宁省基本建设部门开展的技术革新和技术革命运动的形势很好，取得了一些成绩，但也出现一些问题。主要是一些地区和单位工作迟缓，先进经验不能迅速地普遍地推广，有些单位仍是采取"人海战术"，劳动生产率提高得不快，脚手架放不下，夺材大战展不开，劳动力减不下来，"技术革新千千万，生产效果不见面"，施工进度缓慢。

辽宁全省的技术革新和技术革命运动在"一五"时期就较为广泛地开展起来，在"大跃进"过程中又掀起了新的高潮，因而这时的技术革新和技术革命运动不能不带有当时政治压力、群众运动一哄而起的成分，许多数字和成就也存在明显夸大不实之处。运动中由于过分强调政治挂帅，强调个人意志和主观能动性，也有违反经济发展客观规律的现象存在。但技术革新和技术革命运动的总目标是明确的，就是为社会主义经济建设服务，其中许多重大改革、发明创造在经济建设中发挥了很大作用；同时通过运动的广泛深入开展，也培养、锻炼了一大批优秀改革人才。

（二）职工技术协作活动的开展

辽宁的技术革新和技术革命运动从展开一直没有中断过，1961 年以后，又发展为全省职工技术协作活动。

辽宁职工技术协作活动是 20 世纪 60 年代初兴起的一项具有强大生命力的群众性生产技术活动，是辽宁工人阶级的创举，是对中国现代工人运动的积极贡献。辽宁职工技术协作活动深刻诠释了以"奋斗、创新、求实、拼搏、奉献"为主要内容的辽宁老工业基地创业精神，同时也为"长子情怀、忠诚担当、创新实干、奋斗自强"新时代辽宁精神的形成积累了深厚底蕴。

辽宁职工技术协作活动是 20 世纪五六十年代辽宁社会主义建设时期，辽宁工人阶级在党的长期教育下，自力更生，奋发图强，建设社会主义的自觉行动，是新中国成立以来辽宁群众性技术革新和技术革命运动的逻辑发展。

新中国成立后，为了推进经济社会各项事业的恢复和发展，辽宁工人阶级以极大的政治热情积极响应党和工会的号召，充分发挥自己的聪明才智和创造精神，创造性地开展了生产新纪录运动，开展了增产节约运动和先进生产者运动，促进了爱国主义劳动竞赛和群众生产技术活动的蓬勃发展。1954年，鞍钢技术革新能手王崇伦、张明山等7人向全国职工提出开展技术革新运动的倡议。同年，中华全国总工会作出"关于在全国范围内开展技术革新运动的决定"。辽宁职工积极响应号召，把爱国主义劳动竞赛推向了以技术革新和技术革命为主要内容的新阶段。辽宁的技术革新和技术革命运动在劳动模范的带动下，成效显著，在推进辽宁工业基地初步形成的实践中发挥了非常重要的作用。

新中国成立以来十多年的辽宁群众性技术革新和技术革命运动，造就了大批既有技术又擅长做群众工作的骨干，为职工技术协作活动的兴起提供了组织准备；创造了许多好的活动形式，为职工技术协作活动积累了宝贵经验。辽宁的职工技术协作活动，就是在这些良好基础上迅速发展起来的。

1961年，沈阳市政府在贯彻落实中共中央关于"调整、巩固、充实、提高"的八字方针时，对产品品种和质量提出更高要求，开展了产品质量升级活动。同年6月，中共沈阳市委在沈阳市先进生产者代表会议上向全市职工发出号召，要求广大职工特别是先进生产者，挺身而出，发扬艰苦奋斗、自力更生精神，战胜困难，搞好生产。沈阳市劳动模范、沈阳气体压缩机厂工人出身的工程师吴家柱，参加市先进生产者代表会议后，深感自己责任重大，决心用推广先进经验的实际行动，响应党的号召。他把自己的打算告诉了他的近邻——沈阳市劳动模范、革新能手、沈阳拖拉机制造厂工人出身的技术员林海丰和沈阳市先进生产者、快速切削能手、沈阳高压开关厂工人出身的技术员吴大有。三个人不谋而合，决定建立互学关系，并商定在吴家柱家定期碰头，研究各自厂里的生产关键问题，交流技术经验，互帮互学，开展技术革新活动。这是职工技术协作活动史上最早出现的技术协作专业小组雏形。经过吴家柱、林海丰、吴大有的串连，职工技术协作队伍像滚雪球一样不断壮大。同年 6 月，他们在沈阳气体压缩机厂的帮助下，举办了辽宁省职工技术协作史上第一次群众技术交流会。来自 24 个工厂的 80 多人，自带各种革新成果和图纸，现场操作，互相观摩，有问有答，交流先进技术经验 70 多项。此后，群众性技术交流、技术协作的影响日益扩大。沈阳市总工会及时发现和扶持了这项活动，帮助他们总结活动经验，并在 1961 年 10 月召开的沈阳市劳动模范和先进生产者代表会上，组成了"沈阳市劳动模范、先进生产者厂际经验交流和技术协作活动委员会"。这是我国最早的职工技术协作组织。1962 年 11 月，在中共辽宁省委第一书记黄火青的建议下，"沈阳市劳动模范、先进生产者厂际经验交流和技术协作活动委员会"改称"沈阳市群众技术协作委员会"。同年末，吴大有所在单位沈阳高压开关厂工会成立了基层技术协作组织的前身"先进经验交流协作队"，不久后改组为"群众技术互助协作委员会"。1962 年 2 月，沈阳高压开关厂各车间都成立了车间技术协作组织，成为沈阳市最早在企业内部开展职工技术协作活动的单位。到 1962 年 4 月，沈阳市市、区两级和部分基层企业普遍地建立了职工技术协作组织。

辽宁省总工会及时加强了对职工技术协作活动的领导。1962年 2 月，辽宁省总工会邀请沈阳的吴家柱、王凤恩，鞍山的王崇伦，旅大的卢盛和等 4 位劳动模范和有关市总工会的生产部负责人举行座谈，交流沈阳职工技术协作活动经验。此后，职工技术协作活动迅速向全省扩展。1962 年到 1963 年，旅大、鞍山、抚顺、本溪、安东、营口、辽阳、阜新、朝阳等市、地工会和鞍山钢铁公司、沈阳铁路局、锦州铁路局等大企业工会，相继建立了职工技术协作机构。旅大市的卢盛和、鞍山市的王崇伦、抚顺市的吕振刚、沈阳铁路局的孙玉魁、安东市的韩秀芬、锦州市的胡秀峰等人都带头搞起技术串连。整个辽宁的职工技术协作活动风起云涌。由省、市到企业基层，全省初步形成了一个职工技术协作组织体系。1962 年 12 月，"辽宁省总工会群众技术协作委员会"宣告成立。省、市两级职工技术协作组织网络基本形成。1963 年2 月 7 日，辽宁省总工会制定《辽宁省各级工会群众技术协作委员会组织条例（试行草案）》，对职工技术协作的指导思想、行动准则、服务方向、活动形式、活动基础、队伍结构、组织形式、工作方法、工作作风等内容作出原则规定。这是我国职工技术协作活动史上最早关于职工技术协作组织管理和工作制度的成文规章，对职工技术协作活动的迅速发展起到了重要的推动作用。到

1963 年末，辽宁全省已建立各级职工技术协作委员会和技术协作小组 15135 个。其中，省、市、县（区）级 725 个，厂矿基层级 1780 个，车间级 4110 个，技术协作小组 8520 个[①]。

1964 年 1 月，辽宁省总工会制定《辽宁省群众技术协作章程（试行草案）》，明确了职工技术协作的性质与任务、组织层级、活动方法、活动时间、活动经费、奖励办法和组织领导问题。4 月，辽宁省总工会为了解决企业行政的生产技术管理工作与工会群众技术协作活动的协调配合问题，与省经委、省科委联合向中共辽宁省委报批了《关于企业管理工作如何同群众技术协作活动紧密结合的若干问题的意见（试行草案）》，针对当时厂内、厂际职工技术协作活动中存在的 15 项管理问题提出了具体的解决意见，获得批准，从而使职工技术协作活动步入了规范化、科学化发展轨道。

截至 1964 年，辽宁全省已有 1678 个大中型工矿企业开展了职工技术协作活动，队伍扩大到 12 万多人，形成了 20 世纪 60 年代职工技术协作活动的高峰。

辽宁职工技术协作活动的内容在实践中不断得到丰富和发展。早期的职工技术协作活动主要是以突破生产技术关键为目的的小规模技术互助、技术交流。随着活动广泛深入的发展，内容不断充实、增加，其活动范围已超出"技术协作"字义本身的原

----

① 崔文信等：《辽宁省职工技术协作活动志》，辽宁人民出版社 1990 年版，第 36 页。

有内涵，构成了由 10 个字组成的 5 项内容，即"革新"：革新与改进技术、工艺、设备；"攻关"：突破生产技术中的关键或薄弱环节；"取经"：为博采众长而寻师访贤，向有专长特技的老工人、专家取经求教；"推广"：通过技术表演、现场观摩等形式交流推广先进的或适用的技术；"提高"：通过技术练兵比武和办班讲课等形式提高职工群众的生产技术素质。这 5 项内容，各有其特定的基本要求，又常常相互渗透、互为作用。

职工技术协作活动的基本任务，主要是：开展企业内部、企业之间和地区之间的技术攻关活动，为企业解决生产技术难题，为技术改造服务；开展技术交流、技术互助和技术培训，提高职工群众的劳动技能和科学技术文化素质，实现技术更新和先进技术的转移；组织职工参加技术革新和合理化建议活动，集中群众的智慧和力量，解决生产技术和企业管理中的难题；承担政府有关部门和企业行政委托的生产技术活动；参与国际民间技术交流。与此同时，职工技术协作活动坚持发扬共产主义协作风格和高度主人翁精神的光荣传统，把政治思想工作与技术工作结合起来，促进社会主义精神文明建设。

组织职工技术协作积极分子和某些专业技术人员，帮助有专长特艺的老工人著书立说，把他们多年的实践经验从理论上加以总结、传播开来是职工技术协作活动的一项重要内容。沈阳市中国科学院金属研究所斯重遥、吴鼎铭等知名专家，在技术协作活动兴起时，就帮助全市知名的焊接能手吕德顺、杨振孟、佟继华、李贵等人总结他们的焊接技术经验，撰写成 10 多篇学术论文，在学会年会上交流推广。沈阳市技术协作委员会其他专业组的科技人员，把金福长的刀具经验、李秀峰的汽车维修经验，编印成册，发行推广；技术协作委员会专业队编写出版的《刀具》《无损探伤》等小册子，深受群众欢迎。鞍钢修建公司架工陈述庆、王增志、傅明武都是有十几年起重架工经验的工人。1962 年 7 月，鞍钢技术协作委员会组织该公司工程师张炳林帮助他们总结实践经验，写成《起重架工》一书，由冶金工业出版社修定，四次印刷，发行 11.3 万册，成为当时的畅销书。

在职工技术协作活动中，技术表演和岗位练兵，是职工岗位技能训练的一项重要措施，具有广泛的群众性，适应性强，效果好。职工技术协作活动兴起后，技术表演和岗位练兵实现了自上而下的组织动员和自下而上的群众活动相结合，更加活跃、更加经常、更加普及。在活动中，职工技术协作积极分子既是组织者、带头人，又是积极参加者。1964 年，旅大市企业基层职工技术协作组织，在党委领导下，广大积极分子带头开展了群众性的大练基本功活动。据大连染料厂、瓦房店纺织厂、瓦房店轴承厂、大连纺织厂、大连棉织厂、大连工矿车辆厂等 15 个单位的统计，平均有 70%以上的职工参加了大练基本功活动。在厂内一般是按操作岗位、工序在同工种普遍练的基础上，选拔能手，通过讲座、学习班、签订互教互学合同等形式进行技术传授活动。大连纺织厂通过广泛的练功和表演活动，仅半年时间，700 多名新工人中就有 80%

的人达到一般工人的操作水平，其中 20% 的人还达到优级操作手
的水平。

在职工技术协作活动发展过程中，举办技术学习班和技术讲
座，对职工进行技术培训，是帮助职工学习基础理论知识，传播
与掌握新技术，实现技术知识不断更新，迅速提高职工技术素质
的一种好形式。职工技术协作活动一兴起，各级组织就将其作为
整个活动的重要内容，进行了有效的组织工作。职工技术协作活
动开展最早的沈阳市，从 20 世纪 60 年代初到 70 年代末，全市
共举办各种类型的技术讲座和培训班 794 期，参加学习者达 16
万余人次。其中沈阳市文化宫技术协作活动阵地从 1961 年 10 月
到 1963 年 11 月，就举办技术讲座 277 期，邀请技术能手和工程
技术人员传授技艺和技术理论，5.37 万人参加了学习。当时的文
化宫就像一块巨大的磁石，每逢星期二、三、四、五的晚上，职
工们有的夹着饭盒，有的带着工具和图纸，从四面八方汇集到这
里。有的专心听讲，认真做笔记；有的三五一簇，切磋琢磨，研
究生产技术问题。1963 年 10 月，这里举办了一期刀具讲座，原
计划招收 120 人，报名的有 230 人，开学时来了 350 人。辽宁其
他市地每年也都举办各种类型的技术培训班、技术讲座、专题报
告会等。这些培训活动，都采取了传帮带——师傅带徒弟、高带低、
老带新与切磋交流、以点带面等学习专长技艺相结合的方式，取
得了良好效果。应该说，职工技术协作活动的开展，向职工群众
提供了一个学习技术、学习业务的大课堂。这个课堂的特点是在

实践中学习，在应用中提高。他们或者在技术攻关中"献出一招，学会几招"；或者在技术研究中耳濡目染，增长知识；或者在技术培训、技术表演中学到技术；或者是工人与科技人员之间取长补短，共同提高，从而起到学习技术大课堂的作用。

职工技术协作活动一兴起，支援中小企业就成为其活动的一项重要内容。最初，少数积极分子通过串连帮助中小企业革新技术，改进工艺，改进设备，解决生产关键问题，提高产品质量；后来，逐渐发展成以产品为龙头，以提高效益为目的，以工艺为基础的攻关、交流、培训一条龙服务，有组织、有领导地帮助中小企业改造设备，改善管理，开发新产品等。沈阳市从1961年下半年至1962年末，就帮助32个中小企业突破技术关键问题80项。沈阳市铁西区贵和拉链生产合作社，曾因产品质量低劣无法继续生产。沈阳市劳动模范、沈阳气体压缩机配件厂老钳工贾宝忠和沈阳市先进生产者、沈阳冶金机械修配厂铣工任宝成，利用边角余料，在业余时间协助该社改进和制造了14套拉链模具，使拉链质量一跃而为一级品，产品畅销省内外。沈阳市刀具社生产的圆锯变形，翘曲大，硬度不均，精度不高，产品质量远远落后于国内同类产品。沈阳市技术协作委员会发动40多名积极分子，先后44次到该社考察，为他们提出30余条技术改进建议，并帮助筹建了中温盐浴回火炉，使该社的大部分手工操作变成了机械化，"鹰牌"圆锯从此赶上了先进水平。

职工技术协作活动初期，积极分子根据党的农轻重方针和省市领导的指示，积极开展送技术下乡活动。1963 年 1、2 月间，沈阳市职工技术协作骨干王凤恩、林海丰等 41 名老工人和工程技术人员，利用星期假日到新民、铁岭、辽中 3 县协助拖拉机站解决技术关键问题，提出 60 多条改进建议。1963 年夏，铁岭市开原县八宝屯新开了 30 亩稻田，急需灌水泡地插秧。但变压器出现故障，无法通电抽水，农民心急如焚。当地党委在动员村民采用人担、车运方式往田里送水的同时，紧急派人到沈阳变压器厂找王凤恩求援。王凤恩马上串连几名技术协作队员当夜赶到八宝屯，动手修理。第二天，变压器修好，抽水机开动，稻田灌水工作很快完成。群众高兴地说："八宝屯来了活龙王。"同年，抚顺市也有 150 多名劳动模范、先进生产者、老工人和工程技术人员，积极响应市委"技术下乡、安全下乡"的号召，主动串连起来到农村服务。先后帮助 9 个公社 14 个生产大队和排灌站，解决 26 项电气、机械设备方面的技术问题；向 500 多名干部、社员传授了农机操作技术和安全知识，为农村培养了 150 多名用电线路、变压器、机械动力安装操作技术人才。1966 年 1 月，旅大市总工会职工技术协作委员会组织起一支"乌兰牧骑"式[①]支农技术协作队，分赴市属各县区帮助修复农机和排灌设备 100 多台，帮助 40 个农机厂解决技术难题 200 多项。这些职工技术协

---

① 乌兰牧骑，蒙语原意为"红色的嫩芽"，意为红色文化工作队，是活跃在草原农舍和蒙古包之间的文艺团队。1957 年诞生在内蒙古自治区锡林郭勒盟苏尼特右旗。乌兰牧骑始终坚持不懈地全心全意为农牧民服务，被农牧民亲切地称为"玛奈乌兰牧骑"即"我们的乌兰牧骑"。

作活动积极分子，把发展农村生产视为利国利民的大事，做起来全心全意、兢兢业业。

中共辽宁省委、辽宁省人委对职工技术协作活动给予了高度重视。在 1962 年 11 月至 1963 年末的短短一年间，中共辽宁省委 3 次批转辽宁省总工会和中共沈阳市委关于职工技术协作工作的报告。指出开展职工技术协作活动对于推动技术革新，"五好竞赛"，实现增产节约、保证完成和超额完成国家计划，起着重要作用；技术协作活动的出现和迅速发展，是党的自力更生为主的建设社会主义原则的胜利，是在技术问题上贯彻执行党的群众路线的胜利，是共产主义风格的胜利。1964 年 8 月 4 日，辽宁省人民委员会召开"辽宁省工业战线和科学研究部门创造发明、技术革新代表会议"，授予吴家柱、林海丰、吴大有等 3 人"群众技术协作发起人"称号，授予沈阳市群众技术协作委员会、沈阳市群众技术协作委员会焊接专业组等 38 个单位"群众技术协作先进集体"称号，授予王凤恩、金福长、杨振孟、尉凤英、张成哲等 174 人"群众技术协作积极分子"称号，并进行表奖。

辽宁职工技术协作活动也得到了中共中央和国务院有关部门领导的关怀和重视。1962 年 12 月，国家经委在批转沈阳职工技术协作活动经验时指出："群众性技术协作很有成效，为当前怎样开展技术革新活动提供了一个值得重视的经验。"1963 年 1 月，国家经委副主任饶斌在听取吴家柱关于职工技术协作活动情况汇报后说："这个经验很好，为充分发挥劳动模范的骨干、带头、桥梁作用，扎扎实实地开展技术革新运动，找到了很好的方法。"

辽宁职工技术协作活动，还得到新闻舆论界的大力支持和广泛宣传。从 1963 年到 1965 年 10 月，中央和省报多次开辟专栏或长篇连续报道，介绍辽宁各地职工技术协作活动的进展情况。1963 年 4 月，《工人日报》在半个月内连续发表《先进生产者起了火车头作用》《老工人唱主角》《组织起来力量大》《厂内为主，内外结合》《热情扶持这一群众活动》等 5 篇调查报告，详细、系统地介绍了沈阳市职工技术协作活动的经验。同年 10 月 19 日，《辽宁日报》发表了题为"多快好省提高技术水平的康庄大道"的长篇通讯，评述辽宁"两年多以来工业战线的群众技术协作运动"。1964 年，新华社记者两次在《人民日报》以"传绝招""技术协作的夜市"为题，分别介绍了沈阳冶炼厂老焊工杨振孟为社会主义贡献智慧和沈阳市职工技术协作积极分子风雨无阻地开展业余技术研究活动等感人事迹。《辽宁日报》和省内大部分市的报纸也都大量报道了职工技术协作活动中的好人好事，给职工技术协作积极分子以极大的鼓舞和支持。

辽宁职工技术协作活动以其独特的组织形式和良好的社会效益而为全国所瞩目，同时迅速在全国各地传播、发展并开始了跨省市的地区性协作。仅 1963 年 4 月到 1964 年 4 月的一年间，先后有北京、天津、吉林、山西、陕西、湖南、贵州等省（市）及武汉、贵阳、石家庄、郑州、太原、长春、哈尔滨等 27 个市的观摩访问团来辽宁考察职工技术协作活动，考察团成员有 1250

多人。1965 年 3 月，沈阳、长春、哈尔滨 3 市总工会技术协作委员会会同有关部门联合举办了金属切削刀具经验交流会，来自各省市 52 个单位的 600 多人参加了历时 25 天的交流活动，成为我国职工技术协作史上的一次壮举。同年 6 月，北京、天津、沈阳 3 市的基本建设系统在北京进行了第一次专业技术协作活动。

从 1961 到 1966 年，辽宁职工技术协作活动开拓成长、成效卓著，具体表现在：第一，组建起一支包括很多能工巧匠、革新爱好者和工程技术人员、专家学者相结合的职工技术协作队伍。他们是职工技术协作队伍的骨干，是技术攻关的中坚力量。这支队伍具有鲜明特点，这些特点在队伍形成开始就已表现出来，并且在后来的活动中得到坚持和发扬。其一，职工技术协作队伍是一支思想先进、具有建设社会主义坚定信念和振兴中华的高度主人翁责任感的队伍。他们以国家经济建设中心工作为己任，想国家之所想，急企业之所急，在困难面前，挺身而出，积极响应党的号召，自力更生，奋发图强，艰苦奋斗，勤俭建国。他们从事技术协作活动的过程就是想主人事、尽主人责，创造社会主义物质文明和传播社会主义精神文明的过程。其二，职工技术协作队伍是一支理论联系实际、博采众长、技术精湛、工艺高超的队伍。他们来自不同岗位、不同企业、不同行业、不同地区，把能工巧匠的绝招技艺和专家教授的科技理论知识结合起来，形成了强大的技术攻坚力量；他们打破体力劳动与脑力劳动的界限，互帮互学，取长补短，共同提高，形成了一个精神面貌全新的技术群体。

其三，职工技术协作队伍是一支以发挥大协作风格为活动指导思想的队伍。他们团结协作，助人为乐；乐于把自己的技术传播开来，变成社会财富；积极进行技术扶贫，支援"老少边穷"地区；主动实行大厂帮小厂，为发展经济效力；在群众中具有强大的精神感染力。其四，职工技术协作队伍是一支顽强、求实、雷厉风行、机动灵活的队伍。他们勇于拼搏，百折不回；集思广益，善于巧干；认真负责，讲求实效。他们工作起来，争分夺秒；活动方法，机动灵活。他们适应性强，平时坚守岗位，立足本职，在本单位带头提合理化建议，搞技术革新，学习技术知识，推动企业进步；"战时"集中，围绕课题，协力攻关，成为靠得住、信得过的中坚力量。

第二，组建了多层次的职工技术协作组织网络，从省、市到县（区）、基层厂矿，都有职工技术协作委员会和它的办事机构（或专职干部），建立了管理制度，初步形成了完整的组织管理体系。职工技术协作活动的开展，开辟了一条与行政渠道既平行又互补的先进技术交流的渠道，凭借技术协作骨干大都是技术革新者、先进操作法创造者和熟练操作者的技术优势，通过技术表演、成果展览、培训交流等有效形式，把大企业的先进技术转移到中小企业，把军工企业的先进技术转移到民用企业，把城市企业的先进技术转移到乡镇企业，把发达地区的先进技术转移到贫困落后地区，起到了先进技术宣传队、传播队的作用。可以说，群众性的技术交流是职工技术协作活动的主要内容和特点。这一活动的开展，促进了先进技术的推广，使一地、一单位、一个人创造的先进技术变成社会财富，推动了生产力的发展。

第三，解决了一大批难度较大的技术关键问题，打破了国外的技术封锁，推动了全社会的技术进步，为国家度过经济困难时期作出了重大贡献。群众性的技术交流同解决一定的生产技术问题相结合，是职工技术协作活动的鲜明特点。这些活动，有的是职工群众之间相互进行的技术传授与技术互助；有的是由各专业队按照自己收集的课题安排的；有的则是同技术主管部门制定的一定时期的新技术推广计划协调进行的。仅 1963 年，辽宁全省就通过职工技术协作活动解决各种生产技术问题 5.18 万多个，实现技术革新 6.46 万多项，交流技术经验 2.2 万多项。这对于提高产品质量，增加品种，降低消耗，发展国防尖端工业，支援农业生产，起到了重要作用。职工技术协作活动的根本目的就是加强协作，攻坚克难，提高劳动效率，为社会主义建设事业贡献力量。广大职工技术协作活动骨干和积极分子，在国家处于经济困难的重大关头，在苏联背信弃义撕毁合同、对我国进行技术封锁的严峻时刻，勇立时代潮头，挑重担解难题、增本领创效益、提效率促高产，镌刻下闪光足迹、播撒下奋斗汗水，为国家创造和节约了大量物质财富，为国家战胜困难作出了积极努力和重大贡献。与此同时，他们在技术协作活动中呈现出的主人翁精神、忘我精神、奉献精神、互助精神、协作精神、拼搏精神等精神风貌，是 20 世纪五六十年代以"奋斗、创新、求实、拼搏、奉献"为主要内容的辽宁创业精神的集中体现，成为在国民经济处于严重困难关头，振奋人心、鼓舞斗志、动员群众、和衷共济、共度时艰的巨大精神力量。同时，辽宁工人阶级在职工技术协作活动中锻造和熔铸出的伟大情怀和精神风貌也为"长子情怀、忠诚担当、创新实干、奋斗自强"新时代辽宁精神的形成积累了深厚历史底蕴。工人阶级不会忘记，人民不会忘记；辽宁老工业基地不会忘记，共和国不会忘记；历史不会忘记，今天永远铭记！

七、贯彻落实"鞍钢宪法"

"咱们工人有力量"。辽宁工人阶级在 20 世纪五六十年代辽宁老工业基地创业实践和社会主义建设实践中，不仅流下了辛勤、晶莹的汗水，而且创造了宝贵、闪光的精神财富。"鞍钢宪法"诞生于辽宁群众性技术革新和技术革命运动的伟大实践，同时，"鞍钢宪法"的贯彻落实又有力推动了技术革新和技术革命运动的发展。"鞍钢宪法"是辽宁工人阶级在创业实践中奉献出的宝贵精神财富，充分展现了辽宁工人阶级的可贵聪明才智和伟大创造精神。"鞍钢宪法"的贯彻落实不仅丰富了 20 世纪五六十年代辽宁老工业基地的创业实践内涵，而且为探索社会主义建设道路作出了积极贡献。

"鞍钢宪法"产生于 20 世纪 60 年代初，此时正值三年"大跃进"的最后一年。在此之前，1959 年 7 月 25 日，中共鞍山市委曾向中共辽宁省委报送了《关于鞍钢当前生产和群众运动情况与八月份工作安排的报告》，汇报了当年 5 月份以来，鞍钢生产形势逐步好转的情况，以及为完成生产任务准备采取的若干措施。中共辽宁省委将此报告转呈中共中央。毛泽东在庐山会议上看到这一报告后极为高兴，迅速作了批示，并希望以后还能看到有关鞍钢情况的报告。庐山会议后，中共中央要求中共鞍山市委总结鞍钢的生产经验，并向中共中央写出报告。1960年初，中共中央准备召开生产会议，再次催要中共鞍山市委的报告。于是，中共鞍山市委调研室和鞍钢党委调研室的部分人员，分别到鞍钢的炼铁、炼钢、轧钢、运输等单位了解生产及技术革新情况。中共鞍山市委和鞍钢公司负责人多次召开座谈会，听取汇报。在充分调查研究的基础上，经过多次讨论、修改，中共鞍山市委于1960年3月11日向中共辽宁省委和中共中央上交了《关于工业战线上的技术革新和技术革命运动开展情况的报告》，总结了技术革新和技术革命的5条经验：第一，必须不断地进行思想革命，坚持政治挂帅，彻底破除迷信，解放思想；第二，放手发动群众，一切经过试验；第三，全面规划，狠抓生产关键；第四，自力更生和大协作相结合；第五，开展技术革命和大搞技术表演赛相结合。报告特别指出，为把技术革新和技术革命运动不断推向新的高峰，必须加强党的领导：坚持政治挂帅，开展学习毛主席著作运动，用毛泽东思想武装头脑；要改进工作方法，既要紧张地踏实地工作，又要保持清醒的头脑；要大抓技术表演竞赛，进一步鼓励广大职工群众的革命干劲和发扬共产主义协作的精神；要大搞文化革命，举办业余文化学校、技术训练班等，迅速培养和壮大科学技术队伍；要强调关心职工生活，安排好劳逸，使广大职工群众有充沛的精力从事革新创造①。

中共鞍山市委的这个报告上送中共中央以后，毛泽东于 3 月 22 日作出大段批示："鞍山市委这个报告很好，使人越看越高兴。""因为这个报告所提出来的问题有事实，有道理，很吸引人。鞍钢是全国第一个最大的企业，职工十多万，过去他们认为这个企业是现代化的了，用不着再有所谓技术革命，更反对大搞群众运动，反对两参一改三结合的方针，反对政治挂帅，只信任少数人冷冷清清的去干，许多人主张一长制，反对党委领导下的厂长分工负责制。他们认为'马钢宪法'（苏联一个大钢厂的一套权威性的办法）是神圣不可侵犯的。""这个报告，不是马钢宪法那一套，而是创造了一个鞍钢宪法。鞍钢宪法在远东，在中国出现了。"②

由此可见，毛泽东对中共鞍山市委报告的批示，否定了"马钢宪法"，认为鞍钢自己创造了"鞍钢宪法"，于是"鞍钢宪法"的提法被确立，并被广泛引用。

1960 年 3 月 24 日，中共辽宁省委将毛泽东的批示转到中共鞍山市委。当天上午、晚间和 26 日上午，中共鞍山市委召开常委会学习了批示精神并讨论和研究了贯彻问题。此后，批示精神

---

① 中共中央文献研究室编：《建国以来重要文献选编》（第 13 册），中央文献出版社 2011 年版，第 103—110 页。

② 中共中央文献研究室编：《建国以来重要文献选编》（第 13 册），中央文献出版社 2011 年版，第 97—98 页。

迅速传达到鞍钢各厂矿。广大鞍钢职工受到极大鼓舞，进一步明确了今后工作的方向：认为"鞍钢宪法"是马列主义和毛泽东思想在我国大型企业中的具体体现，决心在中共中央和毛泽东主席的领导下，为祖国的钢铁工业多贡献一份力量。4月22日，中共鞍山市委又将《关于进一步贯彻执行中央和毛主席批示情况的报告》经中共辽宁省委上报中共中央。中共鞍山市委这个报告系统地批判了"马钢宪法"的严重危害性，指出"鞍钢宪法"与"马钢宪法"的斗争，既是无产阶级办企业路线同资产阶级办企业路线两条路线的斗争，又是无产阶级世界观同资产阶级世界观的两种世界观的斗争。坚持"马钢宪法"、坚持"一长制"，就是坚持资产阶级的反党思想。并指出，通过贯彻执行中共中央和毛泽东主席的批示，破除了"技术神秘论""先进到顶论""潜力挖光论""大企业特殊论"等保守思想，一个产量、设备效率、劳动生产率翻番或大幅度增长的全民性技术革命运动正在猛烈发展。中共鞍山市委的这份报告，中共中央于5月11日批示转发各大企业党委阅读。5月23日至26日，国家冶金部党组在鞍钢召开学习、推广"鞍钢宪法"现场会。会议对"鞍钢宪法"的基本原则和内容作了归纳和概括，主要有5个方面：即加强党的领导，坚持政治挂帅，大搞群众运动，实行"两参一改三结合"（干部参加劳动、工人参加管理，改革不合理的规章制度，干部、工人和技术人员三结合），大搞技术革新和技术革命运动。1960年7月，中共辽宁省委协同中共中央工业工作部到鞍山总结了贯彻落实中共中央和毛泽东批示的经验。此后，在鞍钢，乃至在全国冶金战线，都开始学习、宣传、贯彻"鞍钢宪法"，推动了群众性技术革新和技术革命运动的深入开展。

"鞍钢宪法"的5项基本原则和内容，集中反映了当时我国企业管理的合理经验。

首先，加强党的领导，坚持政治挂帅，大搞群众运动等3项原则和内容，主要反映了推进企业发展必须加强思想政治建设的思想。从历史背景上看，尽管不可避免地带有"大跃进"年代的局限，但却是基于党对巩固社会主义制度和遵循经济规律的深刻认识。关于加强党的领导问题，就是实行党委领导下的厂长负责制，党对企业的政治领导负有完全的责任，对生产行政工作负有监督、保证的责任。强调加强党的领导不是党委代替行政，包办一切；厂长负责制也不是削弱党的领导、忽视集体领导作用。关于坚持"政治挂帅"问题，其提法自然是不妥当的。当时不少企业曾存在夸大思想政治工作作用、用政治代替一切的倾向，同时也存在忽视人的作用，见物不见人、只重视生产而忽视思想政治工作的倾向。搞"政治挂帅"，容易走向"突出政治""搞空头政治"的极端，把政治工作与各项工作绝对地对立起来，否定经济基础的决定作用，在实践中会造成严重恶果。但同时应该看到，讲政治、强调思想政治工作，是中国共产党的优良传统。"鞍钢宪法"中强调"政治挂帅"，目的是要人们明确政治方向，提高思想觉悟，树立正确的人生观、世界观、价值观。这无疑是正确的。

关于"大搞群众运动"问题，当时曾有片面性，有时用群众运动代替一切，代替集中统一领导，代替规章制度，这种提法也是不妥的。但我们不能抹杀其基本精神，"大搞群众运动"的内涵其实就是坚持群众路线，充分发挥工人阶级在企业中的主人翁地位和作用。

其次，"两参一改三结合"是"鞍钢宪法"5项原则的核心内容和突出特色。1957年，毛泽东在《关于正确处理人民内部矛盾的问题》中提出了生产力和生产关系的矛盾是社会主义基本矛盾的学说。因此，他十分重视通过改善生产关系中人与人之间的关系来促进生产力的发展。"两参一改三结合"的提出，带有探索性质，是当时的新生事物，体现了毛泽东在企业管理上的民主精神。干部经常同工人一起参加劳动，在劳动中发现问题、解决问题，体会工人的苦与乐，有利于与工人建立平等关系；有利于克服官僚主义，一切从实际出发；有利于转变作风，防止腐败。工人参加企业管理工作，有利于增强工人阶级的责任感和使命感，有利于调动工人阶级的积极性，有利于发挥工人阶级的聪明才智，从而增强企业的活力和发展潜力。改革不合理的规章制度，反映了在生产资料所有制方面，存在着妨碍生产力发展的问题，需要不断进行变革的思想，无疑是必要和正确的。实行干部、工人和技术人员三结合，是企业开展技术革新、解决重大生产技术问题的有效形式。"三结合"体现了领导与群众结合、理论与实践结合、专业管理与群众管理结合的思想。总之，"两参一改三结合"

突出体现了全心全意依靠工人阶级办企业的基本精神。

最后，大搞技术革新和技术革命是"鞍钢宪法"的主要内容，在5项原则和内容中居于突出地位。大搞技术革新和技术革命完全符合"独立自主，自力更生，艰苦奋斗，勤俭建国"的方针，有利于依靠科技发展企业、振兴企业。"鞍钢宪法"中的这一原则和内容，为推动科学技术进步提供了重要的有益启示。所以，毛泽东以"宪法"作比喻，高度概括了鞍钢的有益经验，在探索如何搞好社会主义、加速社会主义建设道路方面，迈出了重要步伐，凝聚了毛泽东探索社会主义建设道路的超人智慧和可贵思想。

应该说，"鞍钢宪法"是在庐山会议后开展"反右倾机会主义斗争"、搞"大跃进"的背景下形成的，在对一些问题的认识上存在片面性。如不顾历史条件，全面否定"马钢宪法""一长制"和依靠专家办企业，并从两个阶级、两条道路斗争的高度对其进行彻底批判；如把正确的科学管理和技术人员的作用与群众运动对立起来，过分强调政治挂帅，批判所谓"技术挂帅""经济挂帅"等脱离政治倾向，强调发挥主观能动性，而忽视了客观规律，等等。这些在当时及后来很长一段时间，在鞍钢、在辽宁乃至在全国，都产生了一定的副作用。

尽管如此，从总体上看，在实践发展中，"鞍钢宪法"的提出、宣传、贯彻落实与推广，在全国工业企业中发挥了重要作用，产生了很大影响。

首先，"鞍钢宪法"的提出，推动了思想解放。当时，企业中存在着照搬苏联的一套管理企业的制度和办法、不敢越雷池一步、思想僵化的"洋迷信"倾向。"鞍钢宪法"中提出"必须不断进行思想革命""彻底破除迷信，解放思想"，这就强烈冲击了"洋迷信"倾向，打破了思想僵化，激发了广大职工敢想敢干精神，调动了职工积极性、创造性，进一步解放了生产力。

其次，"鞍钢宪法"的贯彻，促进了企业加强思想政治工作。过去，不少企业忽视人的作用，只注重生产，忽视做人的工作。"鞍钢宪法"强调加强政治思想教育，引起毛泽东的高度重视。根据"鞍钢宪法"这一原则，1965 年 5 月，中共中央作出《关于全国工业交通系统建立政治机关的决定》。此后，全国逐步建立起一套适合工业交通部门实际的政治工作制度，中共中央设置工业交通企业政治部，全国各工业交通企业、事业单位分别设置了政治部、政治处或政治教导员等。各企业注意抓好思想上的教育和引导工作，使职工认清形势，明确任务，既务实，又务虚，有力地保证和促进了生产任务的完成，职工的主人翁责任感和思想觉悟得到了一定提高。

再次，"鞍钢宪法"的贯彻，推动了企业进一步改进管理工作。"鞍钢宪法"中强调的"两参一改三结合"，是改进和加强企业管理的一个有力武器。遵照此精神，各企业比较注意吸收工人参加管理，注意发挥技术人员作用，领导干部深入第一线与群众一道研究问题。同时，改革了不合理的规章制度，使企业管理不断完善，各种积极因素得到充分调动，企业不断焕发出生机和活力。

最后，"鞍钢宪法"的贯彻，推动了群众性技术革新和技术革命运动的开展。由于毛泽东批示的"鞍钢宪法"的宣传，激发了广大职工大搞技术革新和技术革命的积极性和主动性，新工艺、新技术、新产品不断涌现。比如，在采矿中出现了集中作业代替分散作业；选矿出现了联合流程代替单一流程；炼铁出现了高强度冶炼；轧钢出现了多条轧制、多锭轧制的新工艺等。这些技术革新和技术革命活动的开展，推动了企业创新，带动了科技进步，促进了生产发展，成为企业效益增长的决定性因素。

八、学习雷锋活动的兴起和发展

　　20 世纪 60 年代，在党领导人民战胜严重经济困难的艰苦奋斗伟大实践中，社会各界涌现出许多英雄模范人物，雷锋就是他们的杰出代表。雷锋是社会主义时代的不朽丰碑，雷锋全心全意为人民服务的奉献精神和高贵品质，永远激励后人不断前进。

　　学习雷锋活动从辽宁走向全国，使全国各条战线、各个行业掀起了一个持久的学习雷锋的热潮。像雷锋那样做人，像雷锋那样工作、学习和生活，在全国蔚然成风，雷锋成为一个时代的楷模。这场学习热潮，极大地激发了辽宁广大群众建设社会主义的积极性，推动了全社会良好道德风尚的形成。

　　雷锋，1940 年 12 月出生，湖南省望城（今长沙）人。1954年加入中国少年先锋队，1960 年参加中国人民解放军，同年 11月加入中国共产党。1962 年 8 月 15 日因公殉职。他是 100 位新中国成立以来感动中国人物之一。

　　雷锋有一个苦难的童年，幼年就失去了父母，成为孤儿。

1949 年湖南家乡解放后，雷锋参加了儿童团，并于 1950 年上学读书。1956 年小学毕业后，雷锋先后在乡政府、县委当通信员和公务员，又在家乡农场当拖拉机手并于 1957 年 2 月加入中国共产主义青年团。1958 年，雷锋从湖南到辽宁鞍山，参加鞍钢建设，做推土机手。

1960 年 1 月，在鞍钢工作的雷锋参加了中国人民解放军，被编入工程兵某部运输连当汽车兵，部队驻在辽宁抚顺。入伍后，雷锋努力学习文化，刻苦钻研技术，干一行爱一行，勤俭节约，默默无闻地做了大量好事。同年 9 月，雷锋被所在部队评为"节约标兵"，并受到部队领导的表扬，他的事迹也很快在其所在团内传颂。同年 11 月 23 日，他又被沈阳军区工程兵党委授予"模范共青团员"称号。1961 年 11 月，雷锋光荣地加入了中国共产党。

入党之后，雷锋更加严格要求自己。党的活动日，雷锋即使出车在外执行任务，也想尽办法赶回来参加；实在赶不回来，他就自己学习党的理论和知识。雷锋就是这样把自己看作党的儿子，时刻不忘报答党的养育之恩，努力为党工作。

在学习和训练中，雷锋有一种"钻劲"。不管是出车还是休息，他都随身带着书包，抓紧时间读书学习。正是靠这种"钻劲"，雷锋掌握了丰富的知识，并能用学到的知识分析问题和解决问题；靠着"钻劲""耐劲""韧劲"，他克服了身体条件的不足，练就了一身过硬的军事本领。

沈阳军区《前进报》首先宣传雷锋事迹，为部队学习雷锋活动奠定了舆论基础。1960 年 11 月 26 日，《前进报》在第一版用整版篇幅发表了题为"毛主席的好战士"的长篇通讯。文章较详细地记述了雷锋的成长过程。12 月 1 日，《前进报》以"听党的话，把青春献给祖国"为题，发表了《雷锋日记摘抄》，刊出 15 篇雷锋日记，这是雷锋日记首次公开发表。12 月上旬，《前进报》又开辟了"向雷锋同志学习，做毛主席的好战士"专栏，陆续发表全军区各部队学习雷锋的文章。《抚顺日报》《辽宁日报》分别进行了转载。此后，部队推举雷锋先后到驻沈阳、抚顺、海城、营口、旅大、安东等地的部队、学校巡回作报告，收到了很好的效果。不久，《人民日报》《中国青年报》《解放军报》先后发表文章介绍雷锋的模范事迹。

1961 年 1 月 14 日，中国人民解放军工程兵政治部发出《关于开展学习雷锋活动》的通报，要求立即组织群众学习雷锋的模范事迹。随后，《解放军战士》也发表了宣传雷锋模范事迹的文章，通过雷锋这一典型人物的模范事迹，对广大士兵进行一次生动的思想教育，用雷锋的经历，激励大家在保卫祖国、建设祖国的事业中，团结奋进，战胜困难。

1962 年 2 月，雷锋以特邀代表身份出席沈阳军区首届共青团代表大会，并被选为主席团成员。此次大会通过了《给军区部队全体共青团员的一封信》，号召军区部队广大共青团员和青年，要以毛主席的好战士雷锋等先进人物为榜样，掀起一个学先进、赶先进的竞赛热潮。会后，新的学习雷锋热潮在军队中兴起。

　　1962 年 8 月 15 日，雷锋因公殉职。雷锋的生命只有短暂的 22 个春秋，其工作经历只有短瞬的 6 年，他却留下了"好学生——好农民——好工人——好战士"的闪光人生足迹；谱写下伟大共产主义战士的壮丽诗篇。雷锋事迹最具感染力的是：对党凝聚着无限深情，他深深喜爱并抄写在日记上的"唱支山歌给党听，我把党来比母亲，母亲只生我的身，党的光辉照我心"的翻身道情歌，是他发自心底的热切呼声。由此决定了他听党的话，坚定不移永远跟党走的决心和信念。热爱毛主席、读毛主席的书、听毛主席的话，是鼓舞雷锋永远进步的巨大原动力。为人民服务，为他人服务，"对待同志像春天般温暖"，无私奉献、永做好事不图名利，是雷锋的鲜明本色。坚持理想与现实相统一，甘做一颗永不生锈的"螺丝钉"，"对待工作像夏天一样火热"，干一行，爱一行，钻一行，体现了雷锋对工作极端热忱的可贵品格。正是这些熠熠生辉的精神品德和看起来似是平凡的事迹，映照出一个普通解放军战士、一个平凡共产党员的高大、光辉形象。雷锋是时代楷模，人们能从他身上汲取巨大精神力量。雷锋精神是矗立于中国社会主义时代的永恒丰碑。

　　1962 年 8 月 17 日，雷锋追悼大会在抚顺市望花区政府礼堂举行。党政军民各界，工厂、学校前来参加追悼活动的人群络绎不绝，礼堂容纳不下，只好在礼堂外安装扩音喇叭。追悼会结束后，街上簇拥着数千名群众，有工人、农民、战士、干部、学生、妇女、儿童和老人，还有附近医院的伤病员，他们都怀着沉痛悼念的心情，护送着雷锋的灵柩缓缓走向烈士陵园。在烈士陵园又举行安葬仪式。雷锋墓位于东山坡，坐东朝西，墓前立着一块写有"中国人民解放军 3317 部队班长，抚顺市人民代表雷锋烈士之墓，1962 年 8 月 17 日立"的木碑。

1962 年 8 月 23 日，《前进报》在头版显著位置刊登了雷锋牺牲的消息，并配发公祭大会的照片和雷锋的简历。为了更有效地宣传雷锋事迹，10 月 22 日，雷锋生前所在团正式举办"雷锋烈士生平事迹展览"。此后，学习雷锋活动在部队中接连不断地展开。

1963 年 1 月 18 日，沈阳军区党委做出《关于开展学习雷锋运动的决定》，号召广大指战员和青少年向雷锋学习。翌日，沈阳军区政治部又发出《关于开展学习雷锋运动的指示》，要求各部队认真执行军区党委决定，开展学习雷锋运动。在此前，中华人民共和国国防部根据雷锋所在班的请求，于 1963 年 1 月 7 日批准命名雷锋生前所在部队运输连四班为"雷锋班"。1 月 21 日，沈阳军区在八一剧场隆重举行"雷锋班"命名大会。同日，《辽宁日报》刊登了中国人民解放军总参谋长罗瑞卿大将为大会的题词。雷锋班的命名，极大地鼓舞了雷锋所在团的广大指战员，同时也推动了部队学习雷锋活动向纵深发展。

为了使广大指战员更加详细地了解雷锋，扩大宣传范围，《辽宁日报》于 1963 年 1 月 8 日刊登长篇通讯《永生的战士》。9 日，又以整版的篇幅登载了雷锋日记。2 月 9 日，中国人民解放军总政治部发出通知，号召全军迅速开展宣传和学习雷锋模范事迹的活动，规定了具体学习内容。同日，《解放军报》发表题为"像雷锋那样做毛主席的好战士"的社论。中国人民解放军工程兵政治部为积极响应总政治部号召，于 12 日发出《关于广泛深入开展宣传和学习雷锋活动》的指示。同月 21 日，《解放军报》又发表社论《再论像雷锋那样做毛主席的好战士》。沈阳军区于 2 月 8 日召开有近千名官兵参加的学雷锋动员大会，对如何深入开展学雷锋活动提出具体要求。当月，组织了有 50 人参加的"雷锋事迹展览报告团"，由沈阳分成两路，前往军区驻扎东北的各部队进行巡回报告和展览。2 月上旬，在雷锋的家乡湖南，省军区政治部也做出决定，号召所属部队和民兵学习雷锋的高贵品质，做毛主席的好战士、好民兵。这样，学雷锋活动在部队形成规模，成为培养和造就雷锋这个典型人物的摇篮。

部队的学雷锋活动，推动了地方学雷锋活动的开展。抚顺是雷锋生前所在部队驻地，也是群众性学雷锋活动开展最早的地区。雷锋牺牲后不久，1962 年 10 月，共青团抚顺市委发出《关于组织全市广大青少年参观雷锋烈士展览室，开展好阶级教育的通知》，要求全市各级团的组织要从青少年参观"雷锋烈士展览室"入手，学习雷锋、宣传雷锋，后来又将展览复制到抚顺市内展出。11 月 4 日，共青团抚顺市委五届二次全委会议发出《学雷锋，做无产阶级革命事业接班人》的倡议书，又在扩大会议上做出《关于在全市青少年中以学雷锋为引线深入开展阶级和阶级斗争教育的决定》。以青少年的学雷锋活动为先导，抚顺市各行各业各种形式的学雷锋活动蓬勃展开。

抚顺地区的学雷锋活动，极大地推动了辽宁地区学雷锋活动的开展，使辽宁成为学雷锋活动的先行省份。1963 年 1 月 8 日，辽宁省军区、共青团辽宁省委联合发出通知，号召全省民兵和青少年学习雷锋的先进事迹。中共辽宁省委组织了雷锋烈士生平事迹报告团，先后在抚顺、沈阳、营口、本溪、安东等市作报告。中共辽宁省委组织部、宣传部在 1 月 26 日出版的《共产党员》杂志上发出《关于组织党员学习优秀党员雷锋同志模范事迹的通知》。其他各行业和各条战线也纷纷做出决定，发出通知和倡议，积极开展群众性的学雷锋活动

《中国青年报》《人民日报》分别于 1963 年 2 月 5 日、8 日，发表辽宁省各地广泛开展学习雷锋活动的消息和文章，并配发社论。全国学习雷锋活动首先是在青少年中开展的。2 月 15 日，共青团中央发出《关于在全国青少年中广泛开展学习雷锋的教育活动的通知》。通知要求各地共青团组织都应该把这项活动作为当前进行共产主义教育的一项重要措施。23 日，共青团中央做出《关于追认雷锋同志为全国优秀少先队辅导员的决定》。从中央到地方，在各级团组织的倡导下，广大青少年成为开展学习雷锋活动中最活跃、最积极的主力军。

1963 年 3 月 2 日，毛泽东"向雷锋同志学习"题词在《中国青年》杂志首次登载。3 月 5 日，《人民日报》《光明日报》《中

国青年报》《解放军报》等全国各大报刊都在头版显著位置刊登了毛泽东"向雷锋同志学习"题词的手迹。《中国青年报》当日发表社论《响应毛主席的号召，坚决向雷锋同志学习》。当晚8时30分，中央人民广播电台在"各地人民广播电台联播节目"中，第一次播发了雷锋于1961年1月5日应辽宁省实验中学的邀请，向师生们作报告的一段讲话录音。此后，每年的3月5日成为学习雷锋活动纪念日。

毛泽东的题词发表后，刘少奇、周恩来、朱德、陈云、邓小平等中央领导同志也都为学习、纪念雷锋题词。老一无产阶级革命家们的集体倡导，极大地推动了学雷锋活动在中华大地上蓬勃兴起。中共辽宁省委第二书记黄欧东也在《辽宁日报》发表《学习雷锋同志高尚的共产主义品德》的文章，号召全省人民向雷锋学习。在全省范围内开展学习雷锋活动，是加强思想政治教育的一项重要措施，极大地促进了干部的思想革命化，也有利于全社会的思想道德建设。长沙是雷锋的第一故乡，抚顺是雷锋的第二故乡，两地人民为缅怀雷锋，为继承和发雷锋精神，分别建立了"雷锋纪念馆"。

党的十八大以来，习近平总书记高度重视学习弘扬雷锋精神，先后5次就辽宁学雷锋活动作出重要论述和重要批示。特别是2018年9月28日，习近平总书记在参观抚顺市雷锋纪念馆时指出："雷锋是时代的楷模，雷锋精神是永恒的。实现中华民族伟大复兴，需要更多时代楷模。"我们既要学习雷锋的精神，也要学习雷锋的做法，把崇高理想信念和道德品质追求转化为具体行动，体现在平凡的工作生活中，作出自己应有的贡献，把雷锋精神代代传承下去。雷锋精神是以雷锋的名字命名、以雷锋的精神为基本内涵、在实践中不断丰富和发展着的革命精神，它的实质和核心就是全心全意为人民服务。2019年2月23日，中共辽宁省委下发《关于深入开展新时代学雷锋活动的意见》，明确提出"努力将辽宁打造成为全国的学雷锋高地"的目标，阐述了新时代雷锋精神的基本内容是热爱党、热爱祖国、热爱社会主义的崇高理想和坚定信念；服务人民、助人为乐的奉献精神；干一行爱一行、专一行精一行的敬业精神；锐意进取、自强不息的创新精神；艰苦奋斗、勤俭节约的创业精神等5个方面。

雷锋精神是中华民族传统美德的集中反映。"雷锋是我们'民族的脊梁'"，雷锋精神之所以是时代的精神坐标，就在于雷锋精神是民族精神的精髓，是中华民族最珍贵的思想资源和文化自信的重要体现。雷锋精神体现了伟大的民族精神。雷锋精神就是伟大的民族精神的伟大创造精神、伟大奋斗精神、伟大团结精神、伟大梦想精神缩影和现实的写照，伟大的民族精神正是从雷锋等一个个平凡人身上反映出来的。"雷锋是时代的楷模，雷锋精神是永恒的。实现中华民族伟大复兴，需要更多时代楷模"。雷锋精神是社会主义核心价值观的生动体现。雷锋精神体现了社会主义核心价值观的本质，是践行社会主义核心价值观的不竭动力。弘扬雷锋精神可以提升社会主义核心价值观的社会认知力，可以增强社会主义核心价值观的社会感召力。雷锋精神与其他精神财富共同撑起了辽宁全面振兴、全方位振兴的精神大厦。

在新时代，学习雷锋榜样、弘扬雷锋精神，构筑中国特色社会主义伟大事业精神大厦，价值无限、意义重大。

热爱党、热爱祖国、热爱社会主义，在新时代就要旗帜鲜明讲政治，坚定"爱憎分明的阶级立场"，牢记共产主义的崇高理想，献身中国特色社会主义伟大事业，坚定信念追求，保持政治定力，不忘初心、牢记使命。要爱党、信党、为党，爱国、颂国、为国，在中国共产党的坚强领导下，持续推进新时代中国特色社会主义，为早日实现中华民族伟大复兴的中国梦不懈奋斗。

服务人民、助人为乐，在新时代就要传承良好道德风尚，积极奉献于社会和人民，弘扬"公而忘私的共产主义风格"。要正确处理国家利益、集体利益与个人利益的关系，崇尚党和人民的利益高于一切，做到不为私心所扰，不为名利所累，不为物欲所惑，履行好自己的义务和职责。要常怀感恩之心，以热心助人、倾情奉献、大公无私为荣，形成我为人人、人人为我的良好社会氛围。

干一行爱一行、专一行精一行，在新时代就要发扬"言行一致的革命精神"。要有对事业倾注热情、激情、感情，扑下身子、全心投入，务实肯干、敢于吃苦，持之以恒、"咬定青山不放松"的高度敬业精神。要有兢兢业业、刻苦钻研、精雕细琢、追求完美、追求卓越的精益求精精神。要以积极的态度、精湛的技艺、高强的能力投身火热的中国特色社会主义建设伟大实践。

锐意进取、自强不息，在新时代就要秉持"奋不顾身的无产阶级斗志"。要强化突破陈规、大胆探索、勇于创造的思想观念，增强不甘落后、奋勇争先、追求进步的责任感和使命感，永葆坚韧不拔、自强不息、锐意进取的精神状态。要大力弘扬创新精神，始终保持昂扬向上、开拓进取的精神风貌和勇往直前、披荆斩棘的冲天干劲，在平凡的岗位做出不平凡的业绩。

艰苦奋斗、勤俭节约，在新时代就要时刻保持过"苦日子"的警醒，不断增强过"紧日子"的自觉，努力去奢求俭、勤而求进。要低调务实不张扬、撸起袖子加油干，让艰苦奋斗、勤俭节约融化到血液中并成为自觉追求、见诸行动，奋力谱写中国特色社会主义建设事业新篇章，努力开创更加美好、幸福的新明天。

九、支援"三线"建设

正确处理经济建设和国防建设的关系，事关国家发展大局。在 20 世纪五六十年代辽宁社会主义建设实践中，支援"三线"建设是具有特殊意义的重大事件。支援"三线"建设工作的有效开展，不仅体现了辽宁坚决执行"全国一盘棋"思想的大局观，而且也使辽宁展现出"支援全国"的风采，充分发挥了老工业基地的应有作用和价值。

调整"一线"，建设"三线"，改善工业布局，加强国防，进行备战，是毛泽东和中共中央在 20 世纪 60 年代一项关于经济建设与国防建设重大布局富有远见的战略部署。

东北地区的工业比重大，城市人口多、负担重。在国民经济三年困难时期，研究工业战线调整时，东北局第一书记宋任穷感到，如果能将东北一些企业调整到内地，对于我国国民经济的发展是有好处的。他向毛泽东和中共中央提出了这个想法①。中共中央决定进行"三线"建设，东北局是积极拥护的。

辽宁属于东北老工业基地的重点地区，地处沿海沿边，基础工业和国防工业比较多，因此支援"三线"建设的任务很重。辽宁支援"三线"建设的工作在东北局具体领导和部署下，由中共辽宁省委书记处领导负责，并由省经委具体负责实施。按照国务院的统一安排和东北局的具体部署，辽宁省从 1964 年下半年就开始了支援"三线"建设工作。

对于支援"三线"建设工作，中共辽宁省委和同为东北局领导下的吉林、黑龙江两省委的认识是一致的。认为支援"三线"建设工作是一项较为长期的艰巨任务，也是一项光荣的任务，必须高度重视。

辽宁省在支援"三线"建设中，认真、细致、切实地做了大量准备和落实工作。一是抓了思想政治工作。按照先党内、后党外，先干部、后工人，先企业内部、后职工家属的方法进行动员。采取自愿报名与领导批准相结合的办法。动员后报名比较踊跃，比如旅大市建筑公司在动员后，自愿报名的达 97.5%，其中态度坚决的占 60% 左右，犹豫的占 30% 左右，思想有反复不愿意去的约占 10% 左右。对于调走的人，各市各系统都召开了欢送大会，并派负责干部护送。旅大市调走的基建队伍由市委书记、市长欢

---

① 宋任穷：《宋任穷回忆录》，解放军出版社 1994 年版，第 418 页。

送上车，工人很满意。不少工人反映："解放前我们这些泥瓦匠，装上闷罐车就给拉走了，自己都不知道去向。现在领导这样关怀我们，今后一定要做好工作。"二是开展了对家属的思想工作。各市支援单位一般都选派群众中有威信的干部组成家属工作小组或留守小组，专做家属工作，加强思想工作和解决各种具体问题。三是实行两手抓，一手抓搬迁，一手抓生产。人员、设备调走后，各地各部门一般都及时整顿劳动组织，调整机构，充实设备，做到减人不减产，促进生产高潮[①]。

据不完全统计，到 1965 年 5 月，辽宁地区迁往内地和正在迁往内地的企业及技术支援项目共 26 个（均列入国家搬迁计划），调出约 5 万人左右（其中基本建设队伍近 2 万人）。其中，地方的企业项目有 21 个：（1）沈阳冶炼厂的高纯金属车间与上海901 厂金属粉末车间，共 200 人，迁往四川綦江 103 厂（电解铜厂），以加速发展"三线"仪表仪器工业。（2）旅大钢厂两座5 吨电炉，共 50 人，迁往贵阳钢铁厂，建设一个优质钢厂。为了满足钢铁厂和当地机械厂工业用焦的需要，并增加"三线"炸药生产需要的甲苯和化工需要的原料，后又从鞍钢迁去一座 36 孔焦炉和焦化产品回收设备。（3）沈阳东北制药六厂的麻醉药品车间，共 60 人，迁往宁夏中卫县，利用一个下马的铁厂作为厂址进行生产。（4）鞍钢第二中板厂全部设备，共 460 人，迁往

---

① 《东北局批转东北局计委支援"大三线"调人情况的简要报告》，1965 年6 月 3 日，辽宁省档案馆档案。

四川重庆（当时重庆隶属四川省），并入重庆钢铁公司，建成一个生产靶板、不锈钢板、防弹板等钢板的基地。（5）鞍钢第二薄板厂的全部设备与上海矽钢片厂1200毫米热轧板车间和相应辅助设施，共2984人，迁往贵州遵义，建设遵义薄板厂。（6）本溪钢厂的5吨电炉4到5台，3吨半电炉1台，1吨、3吨、5吨汽锤各1台，小型轧机1套和北京石景山钢铁公司冷轧板车间，共868人，一并迁往青海西宁，并入西宁钢厂，建设成为一个特殊钢厂，生产各种特殊钢材。（7）旅大钢厂第一、二钢丝车间部分设备，精密合金车间部分设备，与北京钢铁研究院精密合金研究室的部分设备，共950人，一并迁往陕西，建设成为一个特殊金属制品厂，生产国防尖端和电子遥控设备的关键金属材料。（8）鞍钢钢丝绳厂的部分设备，共1238人，迁往宁夏石嘴山，建成石嘴山金属制品厂，生产西北地区的缺门产品。（9）抚顺铝厂的矽铁电炉3台，共500人，迁往甘肃兰州地区的河口，利用河口钢铁厂现有设施建成河口铁合金厂。（10）沈阳苏家屯有色金属加工厂的铅材加工车间与上海901厂的钢管、棒车间，上海慎昌钢管厂，共200人，迁往甘肃白银厂（距白银市10公里的山沟里），建成西北铜加工厂，生产"三线"需要的铜、铅加工材料。（11）抚顺铝厂的纯硅车间，共80人，迁往贵州都匀，建成贵州纯硅厂，为机械工业提供纯硅原料。（12）旅大起重机厂的部分设备，共300人，迁往宁夏银川，并入银川机械修配厂。年产减速机1500台至2000台。（13）旅大起重运输机厂，共

350人，迁往陕西宝鸡，并入新秦机器厂，年产铲车90台，该项产品为军工及工矿建设所必需，在"三线"还是缺门。（14）旅大汽轮机厂与上海先锋电机厂、哈尔滨汽轮机厂的部分设备，以及压缩机研究所，共1050人，一并迁往贵州惠水地区，生产核物理试验设备及中频电机。（15）旅大油泵油嘴厂，170台设备，共800人，迁往川北。年产油泵油嘴总成各1万缸，三对偶件16万只。（16）沈阳橡胶四厂生产特种橡胶杂品（军工用）的设备，共40人，迁往陕西咸阳，并入西北橡胶厂。（17）锦西化工公司机械厂的中压阀门车间与天津化工机械厂生产压缩机配件的设备、北京化工试验厂的高压阀门车间，共1129人，一并迁往四川泸州，并入泸州天然气化工厂。（18）抚顺石油二厂的合成润滑油车间，79台设备，共100人，迁往四川隆昌。年产14号航空润滑油等特种油料100吨。（19）旅大机车车辆厂生产罐车的车间，共3000人，迁往青海西宁地区，年产罐车2000辆。（20）沈阳桥梁厂的桥梁车间、山海关桥梁厂的道岔车间，共1000人，一并迁往陕西兴平，利用兴平工程机械厂的原址进行生产。年产钢梁1万吨、道岔5000组。（21）沈阳油漆厂、旅大油漆厂、天津油漆厂的部分设备，共350人，迁往甘肃天水，并入天水油漆厂。年产军工用油漆5000吨。

此外，还有军工企业项目5个：（1）旅大专用设备厂（523厂）的炮弹体加工车间，全部迁往湘西，建成中口径炮弹体厂。（2）375厂二笨氨车间，迁往泸州255厂。（3）724厂的一部分，迁往四川,装配大口径炮弹筒。(4)旅大造船厂的小型水面舰艇部分,迁往四川奉节。(5)523厂的一部分,迁往甘肃,建设专用设备厂。

迁建企业是"一线"支援"三线"建设的一种主要形式。中共辽宁省委、各相关市委对支援工作高度重视,并且下了很大的决心,政治动员工作到位,各迁建单位顾全大局,充分体现出全国一盘棋的思想。由于在迁建中贯彻了"中心型、专业化"的原则,加上"一线"与"三线"的密切配合,老厂贯彻执行了"包迁、帮迁、包投产"的方针,所以收到了投资少、建设快、投产快的效果。同时,老厂把先进经验也带了过去。这批迁建企业与辽宁过去建新厂大不相同,走的弯路少,从投产之日起,就达到了较好的技术水平和管理水平。可以说,辽宁的支援"三线"建设工作做得很好,成绩很大。鞍钢第二中板厂是迁入重庆钢铁公司的一个机械化轧钢厂,鞍钢发扬了很高的风格,在迁厂时不仅为重庆钢铁公司配备了较强的领导班子,选拔了政治条件好、技术等级高(平均3.9级)的技术工人,而且对迁出的67个机组和390多台电机设备进行全面检修。凡是有缺陷的部分,都进行了修理和更换,清除了所有电机设备的油垢、铁锈,并进行了喷漆、镀锌,检修质量都达到了技术标准。对2200多箱设备、备件的包装,做到了"不坏、不乱、不丢",没有一件差错;重达7000多吨的设备装运241辆货车,经长途运输到达重钢时,全部完好无损。沈阳汽体压缩机厂迁入重庆华中机械厂的59台设备,检修后基本上达到了原来出厂标准的有3/4,其余设备,也都满足了工艺要求。沈阳苏家屯有色金属加工厂铅材车间迁入兰州 884 厂，在搬迁之前，对搬迁设备进行了大修，并结合进行了技术改造。原来铅板机的传动装置只有 25 米长，经过改造，加长到 45 米，满足了生产需要，而且，还随同设备带了足用的备品配件，给迁入厂迅速投产创造了有利条件。旅大机床厂的液压仿型机床车间，由于领导班子和职工队伍配备得好，迁出和迁入地区各项工作配合得好，迁入银川长城机械厂后，出色地完成了生产计划和各项任务，被宁夏回族自治区评为迁建企业的标兵。另外，许多迁出单位，不仅用良好设备支援内地，而且在调人的同时，还把职工日常生活用具如床、椅、桌、凳，甚至连扩音器都迁了去。可以说，都克服了许多困难，很好地完成了搬迁和生产任务。

搬迁的企业，有的是并入内地企业，对内地企业起到了充实、提高或补缺的作用；有的是利用内地下马工程进行安装建设，节省了资金，加快了建设速度；有的是新建项目。在一年多的时间里，完成如此工程浩大的迁建工作，确实超出人们的预料和想象，迁建中表现出的办事高效率、组织工作的严密性以及广大干部职工呈现出的意气风发的精神风貌，也是今天我们在各项建设中需要学习和发扬的①。

1965 年 9 月，中共中央召开迁建工作会议。会后，为了解迁建工作情况，协调解决搬迁中出现的问题，东北局派东北局经委

---

① 　王恩宝：《辽宁在支援"三线"建设中的贡献》，《党史纵横》，2011 年第 8 期。

副主任孙洪志、黑龙江经委主任冯仲斌和辽宁省经委副主任薛泉等人组成赴"西南、西北三线"访问团，到成都、重庆、西安、西宁、兰州、银川等地访问了由东北地区迁往内地的52个单位。对这些单位的职工和家属进行了慰问，并听取迁入地区的中央局、省、市委负责人对迁建工作的意见。孙洪志等人回到沈阳后，向东北局第一书记宋任穷、书记顾卓新作了书面汇报。宋任穷将这个汇报材料呈送给彭真、薄一波、余秋里和谷牧。后来，东北局就东北地区迁建工作的情况和存在的问题给中共中央写了报告。

1966年5月，根据中共中央和国务院作出的《关于老基地、老企业支援"三线"钢铁基地建设的决定》，辽宁省和鞍山钢铁公司还负责包建攀枝花钢铁基地和贵州水城铁厂。从筹建、施工到建成投产，从配备领导班子和技术骨干、提供设备和原材料到承担试验研究工作、提供技术资料和备品备件等，辽宁省和鞍山钢铁公司非常重视，当作一项政治任务，全面负责，一包到底。

在支援"大三线"建设的同时，东北局还根据中共中央提出的"一、二线"也要搞点军事工业的要求，部署在东北地区加强了"小三线"建设，辽宁、吉林、黑龙江三省在各自的小后方迁建了一些常规兵器的工厂。

1966年5月，河北、内蒙古和辽宁三省、区在天津召开后方基地建设会议。华北局书记处候补书记朱理治主持了会议。会议具体研究了三省、区后方基地的军工建设、军工配套、交通通信、后方工业建设、粮食生产等问题。会议的纪要分别报送中共中央、国防工办、华北局、东北局。

1966 年 9 月，东北局在沈阳召开东北地区"小三线"基本建设和生产试制会议，讨论通过了关于"小三线"生产和建设的十条规定。会议指出，辽宁、吉林和黑龙江三省在"小三线"建设中，在东北局和三省省委的具体领导下，经过参加"小三线"建设职工的积极努力，以及有关部门的大力协同，在基本建设和生产试制方面，都取得了很大成绩，并初步摸索出一些经验；"小三线"建设项目，特别是军工项目，基本上贯彻执行了"靠山、分散、隐蔽"的方针，发挥了自力更生、艰苦奋斗、勤俭创业的精神；整个形势是大好的，各项工作均有很大进步。同时，会议也指出"小三线"建设中存在的问题：进度不够快；思想政治工作开展得不够平衡；有的地方，特别是配套和疏散的工业项目，对"靠山、分散、隐蔽"和勤俭办企业的方针贯彻执行不够；技术力量不足，企业管理不正常，质量不过关，成本高；组织领导上统一规划、集中领导不够等，并提出了具体改进意见[1]。

由于当时已处于"文化大革命"的非常时期，东北三省关于"小三线"建设的方针和措施虽然有许多可取之处，但也打上了"左"的深深烙印，有些是不切合实际的。

"三线"建设，虽然从后来看存在不少问题，但是在当时对于改变我国内地与沿海地区工业发展的不平衡局面，促进西南、

---

[1]　《东北局批转〈东北局计委、经委关于东北区小三线基本建设和生产试制工作会议的报告〉》，1966 年 10 月 18 日，辽宁省档案馆档案。

西北地区以及全国经济的平衡发展发挥了积极作用。辽宁省在支援"三线"建设中，充分体现出全国一盘棋思想和大局意识，有效发挥了老工业基地的优势和作用，输出了大量人力、物力和财力，为西南、西北地区和全国经济的发展以及国防建设作出了重大贡献。

十、十年社会主义建设的主要成就

从 1956 年 9 月中共八大到 1966 年 5 月"文化大革命"前的全面建设社会主义的十年，是我国在探索中曲折发展的时期。在全面建设社会主义的十年间，在建立起适合国情的社会主义基本制度的基础上，在新中国成立后最初七年所奠定的经济、政治、文化和社会发展的基础上，我国的建设事业尽管经历曲折甚至遭受过严重挫折，但仍取得很大成就。特别是在中共八大后最初一年多继续执行和超额完成"一五"计划，以及从 1960 年冬开始对国民经济实行全面调整，中国共产党领导全国人民克服重重困难，经过艰苦卓绝的努力，所取得的建设成就更为明显。辽宁同全国其他地区一样，在这十年实践中不仅镌刻下深远轨迹、取得了巨大成就、创造出辉煌业绩、积累了宝贵经验，也经历了曲折发展、付出了很高代价、留下了深刻教训。在中国特色社会主义伟大事业持续发展的今天，辽宁人民必须深入挖掘十年全面建设社会主义时期的积极内涵和底蕴，全面汲取宝贵的历史经验和启

示，砥砺奋进，积极进取，不断书写新篇章、创造新业绩、铸就
新辉煌。

（一）经济建设的成就

从 1957 年到 1965 年，辽宁的社会主义经济建设取得了很大
成就。总体来看，工业战线，比较好地贯彻执行了以农业为基础、
工业为主导的发展国民经济总方针，超额完成了工业生产、交通
运输和基本建设计划，仅扩建、改建、新建以鞍钢为龙头的大中
型重工业骨干企业和工程项目就达 220 个，充分发挥了辽宁这个
工业基地的作用。同时，注意发展轻工业和手工业，为解决全省
人民吃、穿、用和促进农业生产起到了很好的作用。农业战线，
巩固农业基础是这一时期的重点工作。全省动员各方面力量，在
人力、物力、技术、财政和组织领导上，积极支援农业生产。在
指导思想上，贯彻执行"以粮为纲、全面发展、多种经营"的方针，
因地制宜地推行了农业"八字宪法"、农业技术改革和其他各项
增产措施，有力地促进了农业生产的发展。其他事业也有了一定
的发展，人民生活水平进一步提高。

具体说来，主要表现在：

第一，工农业总产值有很大提高。1965 年，工农业总产值
已达 193.2 亿元，比 1956 年的 121.5 亿元增长了 59.0%，每年递
增 6.6%。1965 年与 1962 年相比，农业增长 39.5%，每年递增

11.7%；轻工业增长48%，每年递增14%；重工业增长73%，每年递增20%。1965年，工业总产值172亿元，比1956年的101.3亿元增长69.8%。农业总产值，1965年已达21.2亿元，比1956年的20.2亿元增长5%。工农业总产值比重发生了变化，到1965年，农业总产值占工农业总产值比重从"二五"期间的9.6%，上升到12%；重工业总产值从"二五"期间的66.7%，下降到64.3%。

第二，财政收支状况好转。1965年，地方财政收入达23.4亿元，比1956年的4.6亿元增长408.7%。地方财政支出，1965年为9.7亿元，比1956年的4.4亿元增长120.5%。1965年，国民收入总额为90.8亿元，比1956年的65.5亿元增长38.6%，按全省总人口平均国民收入为327.7元，比1956年的289.6元增长13.2%。

第三，主要工农业生产产量大有增加。工业方面：钢铁工业，1965年，钢产量达511.3万吨，比1956年增加233.7万吨；生铁产量533.2万吨，比1956年增加204.6万吨；成品钢材产量324.6万吨，比1956年增加140万吨。煤炭工业，1965年，全省原煤开采能力达2275万吨，比1956年增加106万吨。电力工业，1965年，发电能力为112.3亿千瓦时，比1956年的44.8亿千瓦时增长1.5倍。石油工业，1965年，原油加工能力发展到518.8万吨，比1956年的84.9万吨增长5.1倍。机械工业，1965年，已能生产高精度机床、重型矿山和冶炼设备、大型通用设备、大型内燃机车和1.2万吨巨轮。化学工业，首创中国生产乙丙酰胺技术，建成了1000吨乙丙酰胺装置，命名为"锦纶"投入生产。农业方面：粮食和大豆产量，1965 年，达到 134.1 亿斤，接近 1956 年水平。棉花产量，1965 年，87.2 万担，达到 1956 年的 65%。烤烟产量，1965 年为 45.7 万担，接近 1956 年水平。苹果产量，1965 年，380.4 万担，比 1956 年的 330.2 万担增长 15.2%。造林面积，1965 年，259.3 万亩，比 1956 年的 108.7 万亩增长 1.39 倍。生猪出栏数，1965 年，344.9 万头，比 1956 年的 259.9 万头增长 32.7%。可以说主要农业生产指标都恢复到"大跃进"前的 1957 年水平[①]。

第四，基本建设投资规模继续得到控制。在压缩非生产性的基建项目同时，增加了农业和直接为农业服务的工业、科学技术事业、市政建设和住宅建设的投资比重。从投资比重上看，到 1965 年，农业从"二五"时期的 6.2% 上升为 12.7%；重工业从 68.6%，下降到 61.6%。

第五，市场供应显著改善，人民生活显著提高。1965 年，克服了"大跃进"带来的混乱和困难，由连年赤字转为平衡。1965 年，农民平均从集体分得的口粮达到 359 斤，比 1960 年增加 195 斤，加上自留地产粮，每人占有粮食 400 多斤。每一农民从集体分得的收入为 61.8 元，比 1962 年增长 7.5%，比 1960 年增长 27.7%。全民所有制单位职工平均工资达 749 元，比 1962 年增长 7.1%。市场零售物价，1965 年比 1960 年实际水平大有下降，并趋于平稳。

---

① 中共辽宁省委宣传部、辽宁省统计局编：《1949—1984 辽宁三十五年——经济和社会发展成就》，辽宁人民出版社 1984 年版，第 207—212 页。

1965 年，全省社会商品零售总额 38.4 亿元，比 1962 年增长 3.2%。市场供应虽仍然偏紧，食品和部分日用品消费仍有不足，但凭票定量供应的肉、蛋曾一时敞开销售。1964 年到 1965 年上半年，由于仓储不便曾动员群众吃肉，名之为"爱国肉"。经过各种努力，人民群众生活状况得到了较大改善。

（二）社会事业的进步

在十年社会主义建设时期，辽宁的科学教育文化卫生等社会事业得到迅速发展。

科学事业的迅速发展。辽宁在"大跃进"之前就有一批科技队伍和科研机构。1961 年，中共中央批转的《关于自然科学研究机构当前工作的十四条意见（草案）》，明确提出科研单位的任务是"出成果，出人才"。贯彻这个精神，对推动辽宁科技事业和科技人才队伍发展起了重要作用。随着国民经济调整的进行，科技事业有了很大发展。1964 年 7 月，辽宁省工业战线和科学研究部门创造发明、技术革新代表会议召开，1400 多名代表出席大会，由省科委审定重大科技成果 5512 项。科技队伍发展很快，1960 年，全省科技人员 15.5 万人，1965 年，科技人员达 20.7 万人，其中有 2 万余人因单位迁往"三线"而离开辽宁，在辽宁的科技人员仍有 18 万余人，比 1960 年增加 20.6%。在当时，辽宁仍是全国科技人员较多的省份。在这批科技队伍中，中级以上各专业技术干部为 1.43 万人，占科技干部总数的 7.5%。1965 年，全省已有独立的自然科研机构 121 个，科技人员 9116 人。1959 年，建立了辽宁省经济研究所，1964 年、1965 年又先后建立辽宁省哲学社会科学一所和二所（即日本问题研究所），成立了辽宁省哲学、经济、历史和中共党史等 4 个学会，并在此基础上成立了辽宁省哲学社会科学联合会，开展了大量学术活动，取得了较好成绩。

教育事业的发展。教育事业在"大跃进"时期曾急剧发展，一大批条件很差的大中专学校相继设立。在调整时期大幅度裁并了一批，其中高等院校由 1960 年的 90 所，减少到 1965 年的 29 所，高校在校学生由 1960 年的 6.8 万人，减少到 1965 年的 4 万人。中等专业学校由 1960 年的 426 所，减少到 1965 年的 332 所，在校学生由 1960 年的 17.8 万人减少到 8.7 万人。比起"大跃进"时期，大中专学校数量虽然减少，但教育质量、学生素质都有很大提高。

全省卫生事业也有发展。医疗机构：医院，由 1957 年的 173 个，增加到 1965 年的 697 个；门诊部（所），由 1957 年的 3821 个增加到 1965 年的 6603 个；卫生防疫站，由 1957 年的 68 个增加到 1965 年的 94 个。医疗床位：医院由 1957 年的 2.6 万张增加到 1965 年的 5.4 万张；疗养床位也有所增加。医疗卫生人员：医生，由 1957 年的 6.1 万人增加到 1965 年的 8.6 万人，增加了 2.5 万人；护士，由 1957 年的 1.5 万人增加到 1965 年的 2.3 万人，增加了 0.8 万人。整个医疗条件也有很大改善。

全省文化事业也有长足进步。在电影、艺术表演团体、公共图书馆、群众文化博物馆和文物管理方面都有较大发展。全省城乡电影放映单位 1957 年为 772 个，1965 年发展到 1150 个。在文艺方面，创作出一批深受群众欢迎的文学艺术作品。在小说、诗歌、戏剧、音乐、舞蹈等方面都出现了一批具有时代气息和民族特色的优秀作品。在美术、摄影、曲艺、杂技等方面，也出现了不少好的作品，在辽宁艺术史上打下自己的印记。在社会文化建设事业方面，据不完全统计，到 1965 年，全省有专业剧场 67 个，公共图书馆 30 个，文化馆、艺术馆近 100 个，博物馆、纪念馆 7 个。1965 年与 1957 年相比，社会文化建设事业都有较大发展。出版事业，在地方化、通俗化、群众化"三化"方针指导下，坚持好的传统，取得了很大成就。虽然在反右派斗争扩大化、"大跃进"、"反右倾"运动冲击下，受到较严重的挫折，但经过调整，出现了稳定发展的局面。到 1965 年，全年图书和杂志的总印数达到 10.718 万册和 3742 万册，比 1962 年分别增长 81% 和 220%，平均每年出版年画、宣传画、连环画等 100 多种。报纸事业，在"大跃进"期间，由全省 7 种地方报，猛增到 60 多种，总印数达 2.5 亿份。经过调整，全省报纸由 1962 年仅存的 13 种、总印数不到 1 亿份，发展到 1965 年的 21 种、总印数 1.9 亿份，比 1962 年增加近 1 倍。电视事业，在新中国成立初期还是空白。1958 年开始筹建辽宁电视台，1960 年正式播出。截至 1966 年 5 月，总共拍摄新闻片大约 600 部，同时又拍摄了大量图片新闻。总之，文化事业提倡为工农服务，文艺工作者坚持上厂下乡，繁荣了创作，提高了作品质量，从而丰富了全省城乡的文化生活，有效地满足了群众的精神生活需要。

体育事业也取得可喜成就。在 1959 年第一届全国运动会上，辽宁运动员有 27 人次打破 14 项全国纪录，103 人次打破 81 项省纪录，获得金牌 4 枚，团体名次列为全国第 11 名。在 1965 年第二届全国运动会上，有 21 人 16 次打破 12 项全国纪录，5 次平 2 项全国纪录，71 人 125 次打破 81 项省纪录，获得金牌 8 枚，团体名次列为全国第 10 名。

（三）党的建设的推进

在十年社会主义建设时期，在中共中央的领导下，由于中共辽宁省委和全省各级党组织的共同努力，辽宁党的建设尽管受到"左"的错误影响，工作中出现不少失误，但最终仍取得了很大成绩，党的队伍和党的干部队伍得到进一步发展。

1956 年年底，全省共有基层党委 654 个，基层党总支 3762 个，基层党支部 3.0118 万个，党员 59.4003 万人。到 1965 年底，全省共有基层党委 2508 个，基层党总支 2342 个，基层党支部 4.6844 万个，党员 73.219 万人。基层组织数量增加了 49.69%，党员人数增加了 23.26%。由于大量新鲜血液充实到党的队伍中来，壮大了党的力量，健全了党的组织。另外，在发展党员的同时，加强了对党员的教育管理，注重进行组织整顿巩固工作，从而提高了党的战斗力。

1956年年底，全省干部总数38.0626人。到1965年底，全省干部总数发展到55.0813万人，干部人数增加了44.71%。干部队伍的革命化、年轻化、知识化、专业化程度都有提高，干部队伍结构逐渐趋向合理。

党的队伍和干部队伍的进一步发展，对推进全省的社会主义建设，胜利度过三年困难时期，顺利完成全省的各项调整任务，起到了重要保证作用，同时也为后来辽宁的社会主义现代化建设事业准备了必要的干部和组织条件。

（四）精神风貌的提升

在十年社会主义建设时期，中国共产党人和中国人民的精神面貌是十分可贵的。在建设进程比较顺利的时候，广大党员和人民群众意气风发，斗志昂扬。在国内发生严重经济困难、国际上受到战争威胁和巨大压力（主要的发达资本主义国家对我国长期封锁禁运，苏联撕毁合同、撤走专家、中断援助）的情况下，中国共产党和全国人民坚持独立自主，自力更生，不怕挫折，顶住压力，团结一致，艰苦奋斗，依然以无比的英雄气概和高昂的热情投身建设事业，不倦地探索适合国情的发展道路，并由此培养起自强自立、不依附于人、不怕鬼、不信邪的精神。这种精神，对于维护国家主权和民族尊严，巩固和发展社会主义制度，发挥了重大作用。在严重困难的岁月里，领袖和人民，干部和群众，休戚与共，同甘共苦，为战胜困难付出了巨大的牺牲。雷锋等人在平凡的工作岗位上做出不平凡的业绩，成为时代的楷模。辽宁参加"三线"建设的许多干部、职工、科学技术人员响应党的号召，到最艰苦的地方去，到祖国最需要的地方去，在戈壁荒滩，在崇山峻岭，默默无闻，埋头苦干，奏响了无私奉献的时代最强音。在这十年中，各条战线上涌现出大量可歌可泣的建设社会主义的优秀典型和先进人物。中共中央号召全党和全国人民向先进模范人物学习，使全党和全国人民在社会主义建设事业中焕发出更大的热情和力量。社会主义建设事业在战胜重重困难后逐步地重现欣欣向荣的景象。

十年社会主义建设时期，全国人民良好的精神风貌也有辽宁的风采、辽宁的贡献；这些精神风貌也成为辽宁社会主义建设事业在战胜重重困难后向前发展的强大精神动力。

总之，在全面建设社会主义的十年中，经过国民经济调整方针的贯彻执行，社会主义建设事业又取得了很大成就。正如2021年《中共中央关于党的百年奋斗重大成就和历史经验的决议》里指出的那样："从新中国成立到改革开放前夕，党领导人民完成社会主义革命，消灭一切剥削制度，实现了中华民族有史以来最为广泛而深刻的社会变革，实现了一穷二白、人口众多的东方大国大步迈进社会主义社会的伟大飞跃。在探索过程中，虽然经历了严重曲折，但党在社会主义革命和建设中取得的独创性理论成果和巨大成就，为在新的历史时期开创中国特色社会主义提供了宝贵经验、理论准备、物质基础。"这个结论不仅完全符合全国的实际情况，也完全符合辽宁省的实际情况。

当然，由于复杂的主客观方面的原因，十年探索中，经济建设上急于求成、政治思想领域从反右派斗争的扩大化到庐山会议的反右倾的失误和导致的后果是严重的，使社会主义建设事业受到巨大损失，但这并不是这个时期党的工作的主导方面。在这十年间，中国共产党以巨大的勇气和对人民负责的态度，几次努力纠正工作中的失误。广大党员干部和人民群众虽然承受了失误所造成的严重困难，但他们从中国共产党勇于自己纠正失误中深切感受到中国共产党的本质和主流所在，没有动摇在中国共产党的领导下建设社会主义的坚定信念，并为之继续付出艰辛的努力。当然，中国共产党和广大人民没有能够阻止"左"倾错误的发展并导致"文化大革命"的发生，但这种信念和努力最终成为后来彻底纠正"左"倾错误、开辟中国特色社会主义建设新道路的精神支撑和内在力量。

附　录

宋任穷等人在辽宁十年探索实践中的
重要历史贡献

　　历史人物是历史发展的血肉。辽宁全面建设社会主义的十年探索实践是通过诸多历史人物来进行的。在伟大的探索实践中，一批优秀共产党人在辽宁这片黑土地上，为社会主义建设事业呕心沥血，建立功勋。这些代表人物的理想追求、革命信念，遵守纪律、服从组织，努力工作、忠于职守，一身正气、两袖清风，拒腐蚀永不沾、廉洁自律的高尚风骨和精神操守，体现着中国共产党人的世界观、人生观、价值观乃至权力观、利益观、事业观，承载着中国共产党人的优良传统和作风，彰显出中国共产党人的优秀品格和高尚情操，是我们不可多得的宝贵财富，永远是我们学习的榜样和前进的动力。

　　在全面建设社会主义的十年探索的历史实践中，辽宁以及与辽宁地区密切相关的主要领导人，包括宋任穷、黄火青、黄欧东、郭峰等中共中央东北局、中共辽宁省委主要负责人，牢记党的根本宗旨，践行党的群众路线，勤勤恳恳，忘我工作，艰苦朴素，廉洁奉公；注重调查研究，善于总结经验；积极努力、不懈奋斗，为辽宁各项事业的发展洒下了辛勤汗水、作出了重大贡献，在辽宁社会主义建设史上留下了闪光的足迹。

（一）宋任穷的重要历史贡献

宋任穷，1909 年 7 月 11 日出生，湖南浏阳人。1926 年 10 月加入中国共产党。曾参加湖南工农义勇队，追随毛泽东领导的秋收起义队伍，参加了毛泽东与朱德的井冈山会师，并在井冈山坚持革命斗争。他在军内、地方和中央担任过许多重要领导职务。其中，1960 年到 1967 年，宋任穷任中共中央东北局第一书记，在中共中央东北局工作了 8 个年头，为东北地区各项事业的发展作出了重大贡献。

1960 年 9 月，中共中央决定成立中共中央东北局①，宋任穷任第一书记，欧阳钦任第二书记，马明方任第三书记，黄火青等人任书记。

---

① 1945 年 9 月 14 日，中共中央政治局临时会议决定设立中共中央东北局；1954 年 4 月 7 日，中共中央政治局扩大会议决定撤销大区一级党政机关，因此作为大区一级的中共中央局东北局随之撤销。1960 年 9 月，中共中央政治局决定恢复中共中央东北局，10 月，中共中央东北局成立；1967 年 8 月，中共中央决定停止中共中央东北局工作，中共中央东北局取消。

　　1960 年，由于自然灾害和工作上的失误，东北地区的经济形势非常严峻，工农业生产和人民生活都面临着严重的困难。根据 8 月北戴河中央工作会议精神，东北局的任务是：工业支援全国；搞好农业；加强国防。后来，周恩来对东北局如何做好工作提出了 16 字意见：统帅一切，贯彻一切，承上启下，顶上护下。宋任穷等认为，要完成任务，重要的是"贯彻一切"，就是要根据东北地区的具体情况贯彻执行中央的路线、方针和政策。做到这一点，就自然能够"统帅一切"。"顶上护下"是要求创造性地贯彻执行，在有些具体指示执行中确有困难的，应当向上反映，提出建议，而不要机械强性执行。宋任穷根据中共中央的指示精神，带领辽、吉、黑三省省委和东北的干部群众，紧张地投入到迅速摆脱东北地区困难局面的工作中来。

　　1960 年 11 月，东北局成立的第一次全体会议在长春召开，通过了《关于东北地区形势和任务的决议》以及《关于发展东北地区农业问题的意见》，宋任穷传达了中共中央领导对东北局工作的指示并作了会议总结。在会议总结中，宋任穷着重讲了 9 个问题：第一，关于形势问题。当时东北地区社会主义建设已经进入一个新阶段，建成了比较完整的工业体系，成为支援全国的重要工业基地之一；农业机械化已有初步基础，农村都已实现了公社化。经济发展中的主要问题是：农业的发展与工业的发展还不相适应，轻工业的发展与重工业的发展及人民生活水平提高的需要还不相适应，特别是农业的发展跟不上工业及整个国民经济发展的需要已成为当前国民经济发展中的主要矛盾。第二，关于树立以农业为基础的思想问题。对这一方针的认识需要不断提高、不断加深。在实行中必须把农业摆在重要地位，也就是国民经济基础的地位。第三，关于贯彻政策问题。为了纠正"五风"，必须坚决贯彻政策。特别是"共产风"，打击群众的生产积极性，严重地破坏了生产力。必须严肃认真地遵循中央的政策，彻底纠正。第四，关于作风问题。除"共产风"外，一些干部中的命令风、浮夸风、特殊风和瞎指挥风也是必须纠正的。纠正这些坏作风要对症下药，一个总的药方，就是加强群众观念，走群众路线。没有这一条，就做不到实事求是，也不能密切联系群众，几种坏作风也难以纠正。第五，关于工业问题。在东北地区建成了比较完整的工业体系的前提下，工业的重要性并未减弱，任务并未减轻。相反，东北地区的工业要进一步大力支援全国，这是头等重要的任务。同时，工业还要支持农业，这也是一项繁重的任务。第六，关于目前工作安排问题。东北局刚刚成立，全地区面临的工作很多，包括生活安排、征购粮食、贯彻"农村十二条"、整党整社、编制经济计划、精简机构等，都必须做好。当前东北局最重要的任务有两项：一是安排群众生活，二是农村整党整社。要通过抓这两项工作带动其他工作。第七，关于加强国防问题。在东北地区，国防是一个极其重要的问题。工业支援全国，搞好农业，加强国防，是中央指示东北地区的三大任务。东北是一个战略地区，必须具备独立作战的能力。第八，关于东北局的组织和工作问题。

第九，关于团结和学习问题。要做好工作就要加强团结，加强学习。在学习问题上，要采取认真的态度，深刻领会毛泽东同志的著作，领会党的路线、方针、政策，树立和坚持正确的工作作风和工作方法，提高自觉性，减少盲目性，把工作做好①。

东北局成立的 1960 年，正是我国从 1958 年开始连续三年"大跃进"的最后一年。由于自然灾害和工作上的失误，东北地区工农业生产面临着十分严重的困难局面。就农业来说，东北地区耕地受灾面积 7000 万亩，占总耕地面积 30% 左右。其中，绝产面积 1800 万亩左右，占总耕地面积 7% 左右。粮食产量大幅度下降。其他如棉花、油料、生猪等主要农产品产量也大幅度减产。宋任穷带领东北局把贯彻执行中共中央关于开展以保粮、保钢为中心的增产节约运动指示和大办农业、大办粮食指示，贯彻执行中共中央关于农村人民公社政策问题的紧急指示信，深入开展整风整社运动，全面安排好人民生活作为中心工作来抓。

三年困难时期，东北城乡人民的生活非常困苦。农村留粮标准之低，是新中国成立后历年来所未有过的。东北地区 1957 年农村人均口粮留量是 514 斤，1960 年减到 238 斤，减少了 55%。副食品供应情况更为严重。1960 年，辽宁城市人均猪肉消费量（包括特殊供应在内），只有 3.8 斤，而黑龙江省低到只有 2.8 斤。不少农村，特别是辽宁省农村，因食物缺乏，营养不良，饥饿生病，

---

① 宋任穷：《宋任穷回忆录》，解放军出版社 1994 年版，第 364—366 页。

死亡增加。城乡许多地方普遍发生浮肿病。为了保证灾区人民休养生息，保证群众维持正常的生产能力，宋任穷等东北局领导带领东北地区各级党组织，根据中共中央提出的"低标准，瓜菜代"等方针，采取积极措施，努力安排群众生活。一方面发动群众大搞代食品，适当扩大自留地，搞小开荒；一方面努力争取国家的支援。1960年末，国家紧急调运来两亿斤粮食，解决了东北很大问题。

为了缓解粮食紧张状况，东北局还采取了加速压缩城市人口、精简职工，减少城镇粮食销量的重要措施。当时国家要求东北地区在1961年和1962年压缩城镇人口360万，精简职工225万。东北地区有组织有领导地动员还乡是从1961年6月开始的，到1962年5月，全区共压缩城镇人口262万，精简职工220万。此后，又继续压缩城镇人口80多万。两项数字接近完成了国家要求。经过精简和压缩，城镇人口比例下降，农村劳动力增加，城镇粮食销量减少。仅1961年下半年就少销粮食3亿斤，减少工资等项开支近4亿元。

经过以上的积极努力，东北地区稳定了人心、稳定了社会秩序。最主要是避免了人口的大量死亡和逃荒，从而保证了农业生产的逐步恢复和发展。

1961年3月，中共中央在广州召开工作会议，发出《关于认真进行调查工作问题给各中央局、各省、市、区党委的一封信》，强调"一切从实际出发，不调查就没有发言权"。为贯彻广州会议精神，解决东北地区农村在执行政策上存在的各种问题，东北局书记处研究决定在工业、农业、商业、教育等行业开展调查工作。4月，宋任穷带领调查组到辽宁省阜新市农村进行调查。先后于5月9日和14日两次给毛泽东写信反映包括食堂问题、供给制问题、牲畜问题和林木破坏问题等农村工作情况，并采取了相应措施。在调查的基础上，针对东北地区农村的具体情况，东北局集体讨论提出了"治山治水，植树造林，养猪积肥"的具体措施[①]。

东北地区农村经过整风整社，坚决落实政策，改进干部作风，群众生产积极性大为提高，面貌焕然一新。

1960年8月，中共中央北戴河工作会议通过了《关于开展以保粮、保钢为中心的增产节约运动的指示》。11月，东北局成立后，便以保粮、保钢为中心，大力组织全地区开展增产节约运动。工业保钢，东北地区是重点之一。11月下旬，全国钢、铁、煤、运出现了生产逐日下降的严重情况。为此，中共中央又于12月初发出关于保钢问题的紧急指示。为了贯彻中共中央指示，东北局首先把抓好煤炭生产作为中心环节，认为煤炭市场不仅决定钢铁生产任务的完成，而且关系到其他重轻工业、交通运输和人民生活的安排。经过积极努力，东北地区基本完成了1960年原煤和钢铁生产计划，共生产钢820万吨，生铁778万吨，原煤9646万吨。

---

① 宋任穷：《宋任穷回忆录》，解放军出版社1994年版，第373—375页。

　　1961年1月，中共八届九中全会通过了对国民经济实行"调整、巩固、充实提高"的方针。此后，全国开始进入调整时期。由于1958年开始的"大跃进"，各项生产指标定得偏高，国民经济各项比例严重失调，1960年问题更为突出。1961年第一季度，东北地区工业生产出现严重滑坡，各项重要工业产品的产量大幅度下降。为了摸清情况，力争生产水平不再下滑，东北局和辽、吉、黑三省都成立了煤、木、运领导小组，具体掌握和领导广大职工开展以煤、木、运为中心的增产节约运动，并抓紧维修设备，采取措施，解决具体问题，扭转生产局面。这期间，东北局和三省都加强了对工业生产的调查研究。1961年3月，宋任穷带工作组去阜新，组织完成《阜新平安煤矿工作十二条（草案）》的制定工作。

　　1961年2月，周恩来总理亲自到沈阳，对以煤炭为中心的工业生产进行安排。他多次听取汇报，并主持研究东北地区煤炭分配方案；充分肯定了东北三省在支援全国建设方面所作出的成绩。同时，周恩来也提出，东北地区必须进行很好的调整；东北地区在全国一盘棋中怎样配合好，这是一个大课题。

　　5月中旬，为了推动和抓好以煤炭为中心的工业生产，东北局转发了《阜新平安煤矿工作十二条（草案）》，并将其上报中共中央。《阜新平安煤矿工作十二条（草案）》是以调动职工群众和各级干部的积极性为出发点，从调查研究总结经验入手，主要着眼于解决企业管理中最迫切的、带有政策性的问题。虽然是在阜新平安矿调研写成的，但它涉及的问题带有普遍性，因此强调在其他企业中也可以试行。经过宣传贯彻，职工的积极性和生产水平都有了一定提高。

7月，邓小平、薄一波先后到东北视察，在谈到搞好企业管理问题时，都强调要搞好"几定"工作①。随后，东北地区在27个企业中进行了"几定"试点工作。在"几定、几保"②和建立责任制等方面都取得了具体成绩，有力地推动了企业整顿工作。"几定"工作，在当时确实成为解决企业问题的钥匙，得到了广大干部和职工的积极拥护。

1961年，东北地区经过一系列艰苦工作，以煤炭生产为中心的工业生产，在上半年得到了初步稳定。但是，从全年生产情况看，虽经过调整，主要工业品产量比1960年仍有大幅度下降；当年的工业生产指标仍然偏高，必须继续调整。

1962年1—2月，七千人大会召开。2月7日，宋任穷在人民大会堂3楼小剧场东北地区全体会议上做了发言，主要就东北地区问题讲了关于民主集中制和发扬民主问题，诚恳地结合自身实际作了深刻的自我批评："东北局成立一年多来，在中央的领导

---

① 即定产品方向和生产规模；定人员、机构；定主要原料、材料、燃料、动力、工具的消耗定额和供应来源；定固定资产和流动资金；定协作关系等。实际上是国家对企业生产条件的保障。

② 在"几定"的基础上，实行"几保"。即企业对国家保证产品的品种、数量和质量；保证不超过工资总额，保证完成成本计划，并且力求降低成本；保证完成上缴利润；保证主要设备的使用期限等。这实际上是企业对国家、对社会应尽的义务。

下做了一些工作，但做得很不够，主要工作是靠各省做的。东北局研究下边的东西不多，听的看的都不够。""我到东北就是带着高指标的劲头来的。1961 年 2 月，周总理到东北视察时，我还想把煤炭多搞上去，钢也多搞一点。当时，欧阳钦、黄火青、吴德同志都认为指标定的高了，我感到还可以。那时总理帮助我们想了一些办法，请军队调车帮助抢运落地煤。3 月，我到阜新做了些调查，7 月，小平、一波同志来东北视察工作，分析了形势，我才感到按原来设想的高指标，不仅煤不行，钢也不行。如果我不去阜新调查一番，认识也不会变化这样快。这件事说明听进人家的意见并不容易。就是调查研究，不发扬民主也调查不好。不发扬民主，人家就不能说真话。总结经验不发扬民主，不走群众路线，也是总结不好的。1961 年最困难，比1957 年难过得多，粮食少，死了一些人，可是没有出大问题，没有出'皇帝'。除了农村政策十二条和六十条起作用外，和干部与群众同甘共苦是分不开的。这一条经验是应该很好地回忆、总结的。""历史经验证明，只有真正和群众在一起，什么困难都能克服的。我们要把这种优良传统保持下来，这是最可宝贵的东西。"在发言中，宋任穷还讲了加强全局观念、反对分散主义的问题。他讲到：东北的特点有四多：东西多、调出的多、困难多、同各方面的关系多。并借用成语"酒色财气"来比喻："酒"是指粮食，"色"是指工业产品的花色品种，"财"是指物质财富，"气"是指财大气粗的作风。东北"酒色财气"多，容易不谦虚，出分散主义。所以一定要警惕，要增强全局观念，加强集中统一，反对分散主义^①。

七千人大会结束后，东北三省和东北局机关分别从 2 月中旬开始，按照中共中央精神，组织了传达和讨论，并结合实际，安排了工作。

为了克服东北地区当时经济工作中存在的困难，根据中共中央指示精神，宋任穷组织东北局书记处进行了认真讨论，认为，必须从长远着眼，从当前入手，坚决执行农、轻、重的方针，把解决吃穿用问题抓住，把农业和市场放在第一位，千方百计增加农业和日用工业品的生产。要特别抓好两个环节：一是稳住，二是刹住。首先把农业生产稳住，在稳住的基础上，力争 1962 年有个好的收成；其次在财政、金融、市场方面要刹住，千方百计控制开支、少发票子，增加商品，在刹住的基础上，力争 1962 年收支平衡，在可能条件下达到略有回笼，扭转企业亏损局面。经过努力，以上目标基本实现。特别是农业生产方面，1962 年，东北地区粮食总量达到 1479 万吨，比 1961 年增加 202 万吨。

从 1962 年开始，全国农村先后开展了"四清"运动。东北地区有的地方从 1962 年冬开始进行"四清"试点。在农村"四清"试点工作中，中共锦县（今凌海市）县委在运动中坚持以正面教育为主的方针，采用了领导干部开讲和群众自我教育相结合的方

---

① 宋任穷：《宋任穷回忆录》，解放军出版社 1994 年版，第 384—386 页。

法，着重对群众进行阶级教育，采用了通过回忆村史、合作化史和贫下中农家史等三史进行今昔对比，通过好坏生产队的对比，解决了群众的许多思想问题，从而提高群众阶级觉悟和社会主义觉悟的做法。对这一做法，1963 年 3 月，宋任穷曾以个人名义给中共中央和毛泽东写了报告，经毛泽东批转全国。5 月 2 日，宋任穷到杭州参加由毛泽东主持召开的部分政治局委员和各中央局书记参加的小型会议。会议讨论通过了《关于目前农村工作中若干问题的决定（草案）》（简称《前十条》）。另外，宋任穷给毛泽东的报告作为会议附件材料得以印发[①]。

宋任穷对"四清"运动是认真谨慎的，不敢有丝毫大意。他特别强调要依靠基层组织，团结 95% 以上的干部群众；要分清两类矛盾，运动中不要整群众；要实事求是，历史地全面地看干部。应该说，这一时期东北地区的"四清"运动虽然在指导思想上比较"左"，因处于试点阶段，都比较谨慎，大多数单位搞得还是比较稳妥的，没有出现大的波折。

1963 年 9 月 6 日，中共中央召开工作会议，制定了《关于农村社会主义教育运动中一些具体政策的规定（草案）》（即《后十条》）。宋任穷感到《后十条》中关于团结 95% 以上的干部和群众的规定与东北地区前一段运动中的思想是比较合拍的[②]。

1964 年 7 月，东北地区的"四清"运动全面展开。宋任穷带

---

① 宋任穷：《宋任穷回忆录》，解放军出版社 1994 年版，第 391—392 页。
② 宋任穷：《宋任穷回忆录》，解放军出版社 1994 年版，第 393—394 页。

工作团到辽宁省金县（今金州区）三十里堡公社蹲点。由于中共中央在指导方针上出现了"左"的倾向，东北地区的"四清"运动也搞得比较"左"，各工作队把基层干部的问题看得都很重，把干部甩在了一边。1964年末，中共中央发布了《农村社会主义教育运动中目前提出的一些问题》（简称《二十三条》）。宋任穷当时对《二十三条》中提出的"运动重点是整党内走资本主义道路的当权派"的提法只是一般的理解，并未给予足够重视，倒是觉得其中要求尽早解放一批干部和关于经济退赔规定等内容很符合当时运动发展的实际。宋任穷的这种想法很快影响到各工作队。因此，《二十三条》传达后，东北各地开始纠正前段运动中存在的一些"左"的做法，很快就解放了大多数干部。工作队和基层干部、群众思想上都觉得很满意。1965年2月，宋任穷在金县工作团队长座谈会上讲话，明确要求工作队要依靠群众和干部的大多数，"要把解放干部大多数作为一条方针。对犯错误干部的问题要重证据，重调查研究，结论要实事求是"。在政策上对经济退赔要求既不能马马虎虎，又要合情合理；关于划分阶级问题，强调要严格按照中央过去的规定办。5月，东北局根据东北三省省委和重点县"四清"工作团对农村"四清"中关于经济退赔、清理阶级成分、地主富农浮财和房屋处理、不反社员群众、团结中农、组织处理等8个问题的意见出台了规定下发各地。宋任穷在东北局书记处会议上，再次强调：抓对青少年教育的问题；在"四清"新铺开的公社"一进村就要搞三结合"，要团结两个95%。

这都反映了《二十三条》下达后，东北地区"四清"工作中发生的实际变化。

宋任穷在金县三十里堡蹲点过程中，始终坚持与群众同吃同住同劳动，和群众打成一片。

在金县"四清"期间，宋任穷还注意解决地富子女的工作和思想问题。孙云杰是金县亮甲店公社葛麻大队一个富农的女儿，原是旅大机车厂子弟小学的一名教师，1962 年响应号召回乡参加农业生产。她思想进步，劳动积极，要求入党。大队党支部和工作队想发展她入党，但有些拿不准。中共辽宁省委书记处书记、金县工作团团长王良征询宋任穷的意见。宋任穷认为，发展孙云杰入党，符合当时中共中央关于有成分论，不唯成分论，重在政治表现，对剥削阶级家庭出身的子女要给出路等指示精神，当即表示同意。不久，孙云杰被批准入党。"四清"结束后，孙云杰被调到县里任团县委副书记。这件事经报道后，在全国引起很大反响①。

金县"四清"运动结束前，1965 年 6 月 4 日，宋任穷同三十里堡公社党、政两个新班子成员进行座谈，鼓励他们深入群众，廉洁自律；要有朝气，有闯劲；不要做"量不了米，也丢不了口袋"②的平庸干部。

东北地区的第二批"四清"运动从 1965 年 7 月相继开始。

---

① 宋任穷：《宋任穷回忆录》，解放军出版社 1994 年版，第 397—398 页。
② 就是不思进取、碌碌无为。

宋任穷到辽宁省海城县（今海城市）牌楼公社下房身大队蹲点。他强调要解放干部、建立领导核心；对运动中有关问题的处理要"准"。宋任穷及时发现了运动和生产结合不紧的问题，提出了关于揭生产斗争盖子的意见。不久，宋任穷给东北三省省委负责人写信，建议三省都能在运动中增加揭生产斗争盖子的内容。东北局转发了宋任穷的信和他在海城的讲话要点。后来各地都敢抓生产了，长远规划也得到落实，解决了农业生产和农村建设中存在的一些问题。本来这个问题在当时并未跳出阶级斗争的窠臼，可是在后来的"文化大革命"中，宋任穷却难逃厄运，被当作"唯生产力论"而横遭批判。

东北地区"四清"运动于 1966 年五六月间结束。对于其"左"的做法与片面性，宋任穷后来做了自我批评："从总的方面来讲，我个人不仅是同意的，而且是贯彻执行了的。80 年代初，我任中共中央组织部部长期间，曾对当时的辽宁省委书记任仲夷同志讲：在'四清'运动中我蹲点的几个地方，凡是搞错了或者搞过了的，都应当由我负责，请省委予以纠正。"[①]

宋任穷在东北局工作期间，很善于发现、总结和推广先进典型经验。1960 年 5—10 月，大庆石油会战取得胜利。1963 年 10 月，东北局书记处开会研究决定在东北地区推广大庆经验。10 月下旬，东北局在大庆油田召开东北地区工业交通企业基层工作经验交流

---

① 宋任穷：《宋任穷回忆录》，解放军出版社 1994 年版，第 402 页。

会，东北三省和15个市的工交部门及101个厂矿企业的领导干部200多人参加了会议。会议结束后，东北局给中共中央和毛泽东写了《关于大庆油田现场会议的报告》，总结了大庆石油会战的基本经验。1964年初，大庆油田组织报告团到沈阳给东北局和辽宁省直属机关干部作报告，宋任穷会见了宋振明和王进喜[①]。

职工技术协作活动是20世纪60年代辽宁工人阶级首创的一项具有强大生命力的生产技术活动，到1964年形成了高潮。中共中央和国务院有关领导对技术协作活动给予了充分肯定和支持。1963年10月，彭真、宋任穷、黄火青在沈阳接见了辽宁省和沈阳市技术协作骨干。1964年2月20日，技术协作发起人，辽宁省、沈阳市人大代表，省、市工会技术协作委员会主任吴家柱病逝。在他患病期间，宋任穷到医院和他家里看望；他逝世后，还送了花圈，表达哀思[②]。

1958年至1965年，辽宁省锦州市以敢于创新、大胆实践的精神，生产和试制了一批当时在国内外具有先进水平的新产品。这些产品有的填补了我国工业上的空白，在为经济建设、国防建设和为尖端科学技术服务、满足社会和人民生活需要等方面起到了一定作用。东北局很关注锦州发展新兴工业的经验。1963年8月，东北局计委、经委与辽宁省有关部门对锦州新兴工业做了考察。1965年9月，宋任穷在北京参加中央工作会议时，向毛泽东、邓

① 宋任穷：《宋任穷回忆录》，解放军出版社1994年版，第404—405页。
② 宋任穷：《宋任穷回忆录》，解放军出版社1994年版，第412—413页。

小平汇报了锦州新兴工业的情况[1]。

1967 年 8 月 6 日，中共中央做出停止东北局工作的决定。不久，宋任穷遭到批斗，被诬陷为东北地区头号走资派，身心遭到严重摧残。1977 年 10 月，宋任穷获得解放，得以继续为人民工作。

（二）黄火青的重要历史贡献

黄火青，1901 年 6 月 20 日出生，湖北省枣阳人。1926 年加入中国共产党。早年参加红军并经历了长征，曾任红九军团政治部主任，中共中央党校秘书长，冀热辽中央分局副书记兼组织部长，中共天津市委副书记、书记兼市长，中共辽宁省委第一书记，中华人民共和国最高人民检察院检察长、中共中央顾问委员会常委等职，1999 年 11 月 9 日逝世。

1958 年 6 月初，黄火青从天津调赴辽宁，任中共辽宁省委第一书记。到辽宁赴任，黄火青有很大精神压力。他感到，进城后自己只有管理天津的经验，并且天津只是一个城市，而辽宁从工业上说比上海还重要，不仅要管理城市，还要管理农村。当时，辽宁全省人口 2500 多万，其中农村人口只有 1500 万，平均一个半农民养活一个城里人。当时又恰好赶上中央提出"三面红旗"（社会主义建设总路线、"大跃进"、"人民公社化"），辽宁

---

[1]　宋任穷：《宋任穷回忆录》，解放军出版社 1994 年版，第 415 页。

工业如何搞"大跃进"？此外，省委内部还有矛盾，意见不一致。可以说，刚到辽宁，黄火青就面临着这样几个严峻问题：领导班子内部纠纷、工业"大跃进"和人民吃饭问题。

解决党内分歧，前后用了约两个月时间。在中共中央的支持下，黄火青从大局出发，坚决制止搞扩大化，保护了一批干部，尽可能避免了消极影响。

1958 年 3 月，党的成都会议批判"反冒进"和 5 月党的八大二次会议确定实行"大跃进"的方针之后，全国性的工农业生产"大跃进"运动已经开始。8 月，中共中央政治局扩大会议通过了《关于在农村建立人民公社问题的决议》，决定在全国农村普遍建立人民公社。辽宁作为全国重工业基地，在"以钢为纲""全民大办钢铁"的热潮中，首当其冲，很快卷入这场轰轰烈烈的跃进热潮；农村人民公社化运动也很快铺开。

作为省委第一书记的黄火青，在"大跃进"、人民公社化运动中，一方面领导辽宁人民贯彻执行中共中央的路线和政策；另一方面，他以自己多年的实践经验和长期形成的实事求是作风，在他所能认识到的高指标和浮夸风面前，尽可能地将损失减少到最低程度。作为全国钢铁生产基地的辽宁，在 1958 年轰轰烈烈的大炼钢铁运动中，虽然也建设了 3000 多座小土炉，几十万人上阵炼钢炼铁，搞钢铁生产大会战，造成许多浪费；但同时也利用大工业的优势，建设了许多容积在十多立方米或几十立方米以上的小高炉和一些小转炉，可生产合格的钢铁，避免了更大的浪费。这些高炉建成后，有的还未来得及生产，便由国家计委、经委和冶金部调拨到其他有铁矿资源但无力建设高炉的省份。其中仅 1959 年就调出 230 座（内含鞍钢调出 25 座），经过拆卸包装，支援了湖南、广西、贵州、陕西、山西等省区[①]。

农村人民公社化运动铺开后，全国许多城市也效仿农村，搞起了城市人民公社，沈阳市也出现了自发成立的城市人民公社。对此，黄火青认为：城市是个统一体，不能分割成几个公社，否则容易形成大家合起来吃国家的状况，在经济上造成损失。他与负责城市工作的省委秘书长胡亦民交换意见后，得到胡亦民的赞同，并以中共辽宁省委名义于 1958 年 12 月 11 日正式发出《中共辽宁省委关于城市人民公社有关问题的通知》，提出：鉴于城市人民公社问题比较复杂，"放慢城市人民公社化的速度……已经成立公社的地方着重各项巩固工作，在各城市和省直与地委所属较大厂矿，均应一律放慢速度"。因此，城市人民公社在辽宁只搞了试点，没有全面铺开。12 月 16 日至 26 日召开的省委第八次全体扩大会议，进一步总结了全省开展"大跃进"和人民公社化运动的经验，指出：要防止跃进出现的浮夸作风，避免单凭热情、干劲，忽视科学分析或脑子只热不冷的现象。在当时多数人头脑发热的情况下提出这些意见，应该说难能可贵。

工业生产中"以钢为纲"的"大跃进"运动，打乱了生产秩

---

① 国家计委、经委、冶金部：《关于从黑龙江、辽宁、鞍钢调拨高炉给关内各地的补充通知》，1959 年 3 月，存辽宁省档案馆。

序和经济秩序，破坏了国民经济的综合平衡；农村的人民公社化运动及随之而来的"共产风"及大办公共食堂等做法，严重挫伤了广大农民的生产积极性，给农业生产造成严重损失。1960年，辽宁遭受百年不遇的洪涝灾害，全省粮食产量降到新中国成立以来的最低水平，工业产品的主要指标如钢铁、煤炭、发电量等均未完成当年计划，生产严重下滑，城乡人民群众的生活出现严重困难。在困难面前，黄火青带领省委一班人，认真贯彻中共中央方针政策，深入基层进行调查研究，采取许多切实可行措施，领导全省人民为克服困难、争取国民经济好转进行了不懈努力。

在工作中，黄火青通过积极思考，采取了行之有效的领导方法，体现了比较高超的领导艺术。当时，在全国"大跃进"的形势下，中央各部都指令各省市第一书记挂帅。黄火青认为自己应付不过来，于是采取了主管书记分工负责的办法：中央下达的指示如果属于部门性的、业务性的，主管书记可以自行决定处理，认为必须提交省委讨论的再交给第一书记。同样，下面地区提上来的问题，主管书记可以自行处理的则自行处理，如发现不应自行决定或处理不当的，就提到省委会上讨论。如此，既有分工负责，也有集体领导；既调动了大家积极性，又顺畅完成了工作任务。当时省委秘书长胡亦民最赞成这个做法，认为黄火青"拿得起、放得下"①。

---

① 访问徐少甫、胡亦民等人记录，2000年5月，原件存辽宁省中共党史人物研究会办公室。

在领导工作中，黄火青还创造性地提出了"市管县"的办法。他从天津到辽宁，感到城市工作和农村工作密不可分，而在领导体制上，城市与农村却被人为地分开，十分不便。1958年他刚来辽宁时，全省有10个省辖市和4个专区，专区下辖县，而市不辖县。当时地区政府专员只有支配200元的财权，对县无补。黄火青提出由市来管县，市工业方面的"残渣剩水"可以支援农村。他还写了一篇文章，题目叫《厂社挂钩》。当时有人反对，说指挥不动市，把已经改为市管县的又退回几个让地委去管。但负责农村工作的一些同志很赞同黄火青的意见，认为市管县，市的力量较大，可以从技术上支援县。经过实践，"市管县"的设想得到了省委其他领导的赞同，经研究制定的新的区划方案上报国务院后，于1959年得到正式批准。辽宁的行政区划虽然又发生几次变动，但最终还是采用了市管县的做法。后来，这一做法被推广到全国。

当时在"大跃进"中，工业要翻番。黄火青到鞍钢调研，不懂就靠大家，以保证完成中央下达的任务指标。1959年，鞍钢超产。黄火青支持主管工业的省委书记处书记杨春甫安排相关部门利用钢超产提成办了23个小化肥厂，年产量两三千吨化肥。虽然产品质量稍差、成本偏高，但支援了农业。在大炼钢铁运动中，当时辽宁建了不少小钢铁厂，一年产量十来万吨。本来并不需要搞小钢铁厂，浪费人力物力，但迫于形势不得不搞。后来撤掉了小厂，支援了外地。

农村人民公社化运动铺开后，全国许多城市也效仿农村，搞起了城市人民公社。当时，中共沈阳市委负责人主张把工厂的边角余料给城市家庭妇女来加工，搞小加工厂，不要国家投资，称为城市人民公社。全国总工会有人提倡农、林、牧、副、渔和大工厂一起搞大公社，工资待遇照工厂的办，吃国家。并到哈尔滨搞试点，也要辽宁照办。黄火青没有赞成，他认为：城市是个统一体，不能分割，铁路、电车、公共汽车、自来水、电话如何能分割成几个公社，而且，大家合起来吃国家，也有损于社会主义经济。他与负责城市工作的省委秘书长胡亦民交换意见后，得到胡亦民的赞同，制止了辽宁搞城市人民公社的做法。

在"大跃进"中，搞高估产、高征购。有的群众说讽刺话："草比苗还高，还说大丰产。"1960年，辽宁不少人饿死。搞瓜菜代，吃树皮水草。辽宁复县把高粱壳炒焦磨成面粉吃。国家从外省调进粮食来救济辽宁。1961年春，黄火青组织省委研究，无论如何要力争把庄稼种上。由于抓好了耕地这一关键环节，加上东北"见苗三分收"的有利条件，辽宁当年的粮食困境有所缓解。

1960年，同全国其他地区一样，辽宁在农村也办起了大食堂。当时，黄火青认为农村食堂和学校集体吃伙食一样，人多可以省钱，表示赞同。后来到旅顺几个生产队调研，虽然觉得热闹，但心里有些动摇：农民从几里路远跑来吃饭，不合算，是不是办小一点好。1961年春，黄火青到义县红墙子生产队搞调研，着重调查了公共食堂问题。他召集了几个老农和妇女参加的座谈会。大家说，尽管有大食堂，家里还得做一些吃的，干活饿了，中间回来还得填补点。还有，冬天还得烧炕，在家吃，既做了饭，又暖了炕；而到食堂吃就烧不了炕，怎么过冬天？大家算了一笔账，1960 年食堂共烧掉高粱秸 6000 多捆，玉米秸 1 万捆，枝柴 15 车，煤 48 吨；食堂用工量达 20300 分，占全队用工量的十分之一。而在没有食堂时，农民分到秫秸都舍不得烧掉，可以拿到集镇上卖钱；自己做饭不需要整劳力，还便于照顾老人孩子，剩的泔水还可以喂猪踩粪肥田。黄火青恍然大悟：办大食堂是大浪费，群众不满意。农民并没有正面反对办大食堂，但却讲出了不应办大食堂的道理，几个老人、妇女给自己当了老师。回去后，黄火青主持召开省委会议，提出了"在目前这种条件下，食堂还是以散了为好"的建议，大家都表示同意。随后，就解散农村食堂问题，中共辽宁省委形成报告上报中共中央[①]。不久，辽宁解散了农村大食堂。

从 1959 年 6 月到 1961 年夏，辽宁在巩固人民公社过程中，在农村开展了对落后地区的改造工作（以下简称"落改"）。中共辽宁省委在有关文件中指出：所谓落后地区，并不是指那些穷队或在工作上进展迟缓与先进地区相比较的一般落后。在落后地区最大的问题是，民主革命和社会主义改造进行得不彻底，他们的共同点是基层组织严重不纯，基本群众发动得不充分；贫下中

---

① 《黄火青关于义县红墙子生产队食堂情况的调查》，1961 年 5 月，存辽宁省档案馆。

农的政治优势没有确立①。中共辽宁省委确定了"落改"方针：依靠贫农、下中农，放手发动群众，严格区分两类矛盾，团结、教育犯错误的干部，坚决打击阶级敌人。并把沈阳市及市属新民、辽中、铁岭（今属铁岭市）等县，旅大市郊及金县、长海县，鞍山市等地区确定为"落改"重点地区。在"落改"中，黄火青为朝阳市提供了建平地区存在土匪窝子的线索，群众发动起来后，挖出了几十支枪，改造了地富分子把持的职权，取得了比较好的效果。

在实际工作中，辽宁"落改"涉及面超出了原来设想的农村大、小队范围，搞"落改"补课的村子约占农村总数的20%。

辽宁的"落改"是根据1954年中共中央有关改造落后地区指示精神进行的，从具体情况看，在辽宁某些地区确实存有民主革命不彻底的因素，因而有一定针对性和必要性。从"落改"全过程看，少数落后大、小队也确实存在组织不纯和作风不纯的问题，这样的队经过改造以后，纯洁了基层组织，促进了生产发展。就此来看，"落改"有一定成效。但是，就整个"落改"来说，由于受"左"的思想影响，夸大了敌情、夸大了打击面，错误处分了一大批农村基层干部，错误地批判了正常的农副业生产和小商品贩运，挫伤了农民的生产积极性，犯了严重扩大化错误。其中一些"左"的做法和指导思想又为后来的农村"四清"所承袭。

---

① 中共辽宁省委组织部：《关于彻底改造农村落后地区的报告》，1959年10月21日，存辽宁省档案馆。

当然，"落改"结束后，1962年9月，辽宁进行了部分甄别工作，对错捕、错误处理人员等问题进行了初步纠正；在工作总结中也认识到"落改"发生过一些偏差和错误，甚至比较严重，并强调发生的错误虽然通过甄别已得到纠正，但仍须引为教训。这也体现了黄火青等中共辽宁省委负责人实事求是、有错必纠的科学态度和可贵品格。

在三年困难时期，城市人民生活面临极大困难。辽宁城市比重大，工矿企业多，到1960年底全省企业职工达到361万人，城市人口已达到1085.9万人，精简职工和压缩城市人口成为当务之急。1961年1月，中共辽宁省委召开各市县委第一书记会议，黄火青主持会议，经过认真讨论，提出了"生产自救，节约度荒，保人、保畜，休养生息，恢复生产，重建家园"的方针。7月，中共辽宁省委正式发出《关于压缩城镇人口支援农业战线的紧急指示》，开始了压缩城市人口、精简企业职工的工作。由于省委和各级党委决心大，安置工作比较稳妥，到1962年7月，全省精简职工120万人，职工总人数比1960年底减少33.2%；压缩城镇人口142.9万人，比1960年底净减城市人口13.2%，在数量上基本恢复到1957年的水平①。这样，城市供应紧张状况得到一定缓解，与此同时，增加了农村劳动力，促进了农业生产的恢复。

①　《省委安置工作会议纪要》，1962年8月，存辽宁省档案馆。

为了克服困难，恢复和发展生产，黄火青和省委一班人还采取了许多措施，其中之一是大力提倡和推广职工生产生活互助和技术协作活动。

职工生产生活互助活动是由安东丝绸一厂职工首先开展起来的。1958年，该厂纺织车间青年女工韩秀芬、邓玉芝发扬互助和奉献精神，在生产、生活方面帮助有困难的职工，提高了生产效率、减轻了家庭负担。这些行动带动了许多职工。黄火青发现职工互助是个好办法，就大力支持和宣传，使其成为广泛的群众性活动。后来，这一群众运动的首创者韩秀芬、邓玉芝都被评为全省劳动模范。

职工技术协作活动是沈阳工人劳模组织起来的。由有技术专长的工人主动、无偿地帮助有困难的工厂解决困难，一个人带动一大片。这项活动影响很大，无论从解决实际困难、提高生产力来说，还是从发扬工人阶级的无私无畏、助人为乐的为人民服务的崇高品质来说，都起了很大作用。辽宁职工技术协作活动是全国的先驱，是工人阶级自己创造出来的。黄火青从领导方面积极组织和推广，起到了非常重要的作用。1961年6月的一天，沈阳气体压缩机厂工人吴家柱看见邻居女工愁眉不展，说是厂子要关门了，因为生产的拉锁不合格，国家不收购，产品积压无资金周转。吴家柱和沈阳高压开关厂工人吴大有、沈阳拖拉机厂工人林海丰过去帮助修好了机器，拉锁能卖出去了。黄火青从辽宁省总工会主席金直夫那里得到这一消息后，认为这是一个方向。工人在困难时期有当家做主精神，运用自己的技术帮助小厂解决困难，这种做法难能可贵。决定支持工人们的行动，帮助他们组织起来。当时，辽宁形成了 5 万多人参加的技术协作队伍，有专长的工人都活跃了起来，涌现出吴家柱、吴大有、林海丰、吕德顺、张成哲、陈富文、王凤恩、尉凤英等一批劳模。

黄火青对职工技术协作活动给予了亲切关怀，并多次对技术协作活动进行具体指导。1961 年 10 月，沈阳市技术协作组织刚成立时，名称叫作"沈阳市劳动模范、先进生产者厂际经验交流和技术协作活动委员会"，黄火青听了，认为名称太长，不利于普及，提议改称为"沈阳市工会群众技术协作委员会"，大家一致赞同。1962 年 10 月，中共中央政治局委员、中央书记处书记彭真到东北视察，黄火青专门向他汇报了辽宁开展技术协作活动的情况，并陪同他接见了辽宁省和沈阳市的 23 名技术协作骨干。1963 年 5 月，黄火青在抚顺市检查工作时指出：技术协作积极分子"自动组织起来搞技术串联活动，不要工资，利用业余时间，进行互相帮助，很可贵，要很好地支持他们"。6 月，在沈阳、抚顺、沈阳铁路局技术协作骨干座谈会上，黄火青指出："搞技术协作活动，一不计较名誉，二不计较地位，三不计较报酬，要有共产主义觉悟。"[①]1964 年 3 月，黄火青陪同东北局第一书记宋任穷在旅大市接见了卢盛和等 27 名技术协作骨干，把技术协

---

① 崔文信等：《辽宁省职工技术协作活动志》，辽宁人民出版社 1990 年版，第 7 页。

作活动概括为"革新、攻关、取经、推广、提高"等5项内容。

1964年，辽宁省、沈阳市职工技术协作委员会根据黄火青关于"组织厂内外大协作，沈阳自行车十一前赶上国内先进水平"的指示，从4月至5月，先后组织61个单位249名积极分子到自行车厂参加质量攻关。厂攻关指挥部根据技术关键性质，组成14个攻关小组，围绕影响产品质量的61个生产技术关键问题，通力合作，提出有关生产技术和管理方面的建议150多件，实现了技术措施113项，解决重要技术关键18项。原车外表油漆质量达不到要求，攻关小组集中力量研究试验静电喷漆新技术，很快提高了电镀质量，达到了标准；原来加工车条帽螺纹的搓丝板质量低、寿命短，攻关小组成员、厂技术员沈双顺与锻造老工人杨志德等3人，经过5次试验终获成功，使搓丝板寿命提高7倍以上；厂总工程师亲自与技术协作活动积极分子、工人、技术人员共同研究车链子罩有褶的老大难问题，经过10多次试验，改造模具和压制方法，并把活动的胶皮垫改为固定样式，很快消灭了废品。

黄火青对技术协作骨干和劳动模范十分关怀。1963年春节大年初一，黄火青同省委几个领导首先到沈阳市发起技术协作活动的劳动模范家拜年，问寒问暖。1964年2月，辽宁省技术协作委员会主任吴家柱因劳累过度，突然去世。黄火青指示在沈阳铁路局俱乐部召开追悼大会，大规模吊唁，并陪同宋任穷参加了追悼大会。

可以说，职工技术协作从萌芽到发展成群众性活动，从辽宁走向全国，每一步都倾注了黄火青的心血①。

根据中共中央部署，从 1962 年 12 月到 1966 年 5 月，辽宁在城乡开展了"四清"。1964 年，中共中央号召学习"桃园经验"（即《关于一个大队的社会主义教育运动的经验总结》），要求干部到农村蹲点。黄火青带领一些干部去了沈阳北郊的新城堡村（今隶属沈北新区）。受当时政治气候影响，在工作上采取了一些"左"的做法。村子里当时有两户漏划小富农，已经过去多年，可以不改划，但还是给改划了。姓李的村支书干工作有魄力，但有点强迫命令作风，脱离群众，本来应当对他做点工作，让他检讨一下就行了，却把他撤了职，没有做思想工作。有失误也有积极贡献。在蹲点期间，在黄火青领导下，蹲点干部在该村建设方面做了不少工作。诸如把弯渠改成直渠，种了 50 亩水稻，并建议翻建铁道桥梁以保护农田；大队有葡萄园，为防止大家白吃公家东西，号召各家各户自己种点葡萄；那时朝鲜送给辽宁一些桑树，于是号召大家种桑树；帮助新城子一带养蹶子猪的农民起猪圈积肥，用于上地（当时一头猪 1 年的粪尿土可以上 3 亩地）；扩大了村小学，还办了初中班。1965 年春，黄火青在接到周恩来总理的"天津飞鸽牌自行车搞得好，为什么辽宁不能干"指示后，带领工作队到沈阳自行车厂蹲点。他传达了《二十三条》，和队员们一起干，

---

① 罗占元、冯树成：《辽宁党史人物传》（第 8 卷），辽宁人民出版社 2003 年版，第 62—64 页。

提出质量第一的要求，努力研究改进技术，搞出了四二型自行车。后到商业系统征求意见，反映比较好[①]。

"四清"是在政治领域"左"倾错误不断发展中进行的，其指导思想也不符合中国社会实际情况，运动中伤害了一大批党内外干部甚至群众。辽宁全省在"四清"中有1.3万多名党员受到各种不同处分，占全省党员总数的1.8%。同时，一些有利于搞好农村经济、有利于发展生产和改善农民生活的正确意见和措施，一律被指责为资本主义倾向而遭受打击，因而挫伤了群众生产积极性，阻碍了生产的发展。但是，我们要看到，同全国一样，辽宁城乡"四清"只是在局部地区和单位开展，运动中对有些具体政策作了正确的或基本正确的规定；运动中发生的一些严重偏差，一方面有轻重程度的差别，一方面有的也逐渐得到一些纠正。当时还强调运动要在不误生产、密切结合生产的条件下进行，把增产与否作为衡量运动搞得好坏的标准之一，从而在一定程度上减轻和限制了运动的消极面。运动揭发了干部队伍中的贪污、盗窃等不正之风，发现了集体经济经营管理方面的问题，在当时也起了一定积极作用。如在经济管理方面，不少农村生产队长期账目、财务不清，管理制度不健全；在干部作风方面，较普遍地存在着多吃多占、瞎指挥、官僚主义等问题，少数干部欺压群众，农民群众的社会主义积极性受到压抑；贪污盗窃、投机倒把等犯罪活

---

① 黄火青：《一个平凡共产党员的经历》，人民出版社1995年版，第202页。

动，少数坏人的破坏活动，以及封建迷信活动等歪风，也确有发生。这些问题，大部分得到了解决。在辽宁"四清"中，黄火青不可避免地执行了"左"的政策，作为省委第一书记要负主要责任，但鉴于全国的大气候，这也是迫不得已；与此同时，在运动中他从实现发展生产的目标出发、从维护群众利益出发，在许多方面做出了积极努力，对"左"的错误在一定程度上进行了抵制，避免了更大损失。这些都是难能可贵的。

正当满怀信心积极推进各项建设事业的时候，1965年9月，黄火青被诊断患了胃癌，不得不去北京接受治疗。1966年3月，黄火青返回辽宁旅大休养。"文化大革命"爆发后，正常的工作秩序被打乱，黄火青也成了"走资派"被"打倒"，受到严重迫害。1976年粉碎"四人帮"后，黄火青获得"解放"。

（三）黄欧东的重要历史贡献

黄欧东，1905年9月14日生，江西省永丰人。1925年6月加入中国共产党。历任中共永丰县支部书记，中国工农红军第三军第八师政治部主任，中共陇东特委副书记，抗大分校政治部主任，中共中央军委办公厅主任兼总政治部锄奸部副部长，冀热辽军区政治部主任，辽北省政府副主席，中共沈阳市委第一书记，中共辽宁省委第一书记、辽宁省委第二书记兼省长，中共中央东北局书记处书记等职。是中共第八届中央委员会候补委员、第十一届中央委员会委员、中共中央顾问委员会委员。1993年11月28日逝世。

1954年8月，辽东、辽西两省合并成立辽宁省。中共中央决定，黄欧东任中共辽宁省委书记。

辽宁省是我国重要工业基地之一，在整个国家社会主义建设中肩负着重大而艰巨的任务。1954年，辽宁的社会主义改造已经取得重大进展，大规模经济建设正在逐步推进，实施"一五"计划进入第二年，处于关键时期。黄欧东在辽宁省成立大会上明确提出："新的辽宁省在中央领导下，必须保证完成社会主义经济建设的计划和社会主义改造任务。"并针对合省后的情况，为了克服工作中的困难，他特别强调必须加强团结[1]。

中共辽宁省委、省人民政府在成立初期，为了动员全省人民，调动一切积极因素投入大规模经济建设，完成"一五"计划繁重任务，进行了一系列卓有成效的工作。1954年8月中旬，辽宁省第一届人民代表大会第一次会议召开，黄欧东代表省委作了《关于当前工作任务的建议》的报告。他指出："当前最主要任务，就是要保证全省全面和超额完成国家各项经济建设计划"，"在经济建设中，我们必须坚持以重工业为重点，并相应发展其他经济事业的方针"[2]。10月，黄欧东主持召开省委第一次全会，讨论了省委工作计划和省委的各项制度，通过了《辽宁省委会议和

---

① 《东北日报》，1954年8月2日。
② 《东北日报》，1954年8月13日。

党委会办公制度（初稿）》，全省各项工作逐步走上正轨。1955年6月，黄欧东主持辽宁省首次党的代表会议，一致通过《关于贯彻全国党代表会议决议，开展增产节约运动，彻底肃清高岗影响》的决议。

辽宁工业在国家整个国民经济中所占比重较大，"一五"时期，国家拿出巨额资金投入辽宁省许多重工业企业，我国建设的156项重点工程，辽宁就有24项，全国限额以上的649个建设单位中，辽宁就有129个，骨干工业基本建设任务十分繁重。在1955年12月中旬传达了中共中央关于反对右倾保守思想，争取又多、又快、又好、又省地进行社会主义建设的指示后，辽宁在工业、基本建设和交通运输战线上开始出现社会主义建设新高潮。1956年2月，黄欧东在省委第六次全体会议（扩大）上强调继续贯彻中共中央指示，"深入开展反对右倾保守思想的斗争"，"积极支持和推广先进经验，广泛组织社会主义劳动竞赛"，"提高职工群众的文化技术水平"，"正确贯彻物质奖励原则"。随后不久，黄欧东开始察觉到在反右倾和劳动竞赛中有一些值得注意的问题。7月，他在中共辽宁省第一届代表大会上，在充分肯定全省工业生产取得重大成效的同时，检查了工作中的缺点和错误，进行了自我批评。他着重指出，在工业生产基本建设方面，主要是产生了片面追求多、快，忽视好、省和安全的倾向。并进一步提出必须加强党的领导，转变作风，密切联系群众，及时解决工作中存在的问题，力戒浮夸和骄傲，克服右倾保守思想和急躁冒进的倾向①。在此期间，由于省委对全省工业生产建设加强了领导，采取了一些得力措施，社会主义工业建设新高潮不断发展。截至1956年底，全省工业总产值提前1年零3个月达到"一五"计划规定的1957年水平，在基本建设项目中，有29项已经竣工并投入生产，为执行"二五"计划打下坚实基础。1957年4月，为加强党对工业、基本建设、交通运输企业的领导和贯彻群众路线，中共辽宁省委召开工业政治工作会议。黄欧东在作会议总结时，要求各级领导干部克服官僚主义，增强民主作风，加强思想政治工作，深入基层，及时解决问题。

1954年，辽宁农业合作化运动已获得空前发展，农业社会主义改造取得了重大胜利。黄欧东对农业合作化工作十分重视。根据1954年12月中共中央批准的第四次全国互助合作会议报告提出的建议，1955年1月，中共辽宁省委召开第一次农业生产互助合作会议，确定1955年农业合作化运动的基本任务是："大力巩固、提高现有社，秋收前后再建一批新社"，"开展农业增产运动。"要求领导农村工作的各级党委，"必须把农村工作重心切实转到互助合作运动方面来"，"并把合作化运动的高潮引向增加农业生产的高潮"②。随后，黄欧东组织市、县委和农村工作部负责干部落实省委提出的发展农业合作社的任务，并深入基层给予具体指导。1955年7月，毛泽东《关于合作化问题》报告发表及中

---

① 《辽宁日报》，1956年7月15日。
② 《辽宁日报》，1956年1月24日、2月15日。

共七届六中全会之后，全省农业合作化运动发展很快。至 1956年春，全省基本实现农业合作化，参加合作社的农户占总农户的98.8%。黄欧东针对辽宁农业合作化发展状况和存在的问题，提出要"全面发展生产，增加收入"，"进一步贯彻勤俭办社方针，节约开支，反对一切铺张浪费"，"搞好合理分配，正确处理集体利益和个人利益的关系"。1957 年底，全省农业合作社得到进一步巩固，并已全部实现高级合作化，入社农户已达 99% 以上。农业生产依靠集体力量，战胜较大的自然灾害，保证了丰收。

随着工业生产的发展，在农业合作化高潮的促进下，加快了对资本主义工商业社会主义改造步伐。1955 年 12 月至 1956 年 1 月，资本主义工商业全行业公私合营浪潮席卷辽宁全省。中共辽宁省委多次召开会议、发文件，传达中共中央关于对资本主义工商业进行改造的指示，提出以又多、又快、又好、又省的原则完成对资本主义工商业改造工作。1956 年 1 月，在北京宣布私营工商业实行全行业公私合营、完成社会主义改造、进入社会主义社会的消息鼓舞下，1 月 10 日至 25 日，全省的市、县、城镇的私营工商业全部实行了公私合营。公私合营之后，曾一度出现商品脱销问题。1956 年 7 月，黄欧东为使商业工作适应新的经济形势，提出了新的要求。一是加强商业工作的计划性，消除前一时期出现的商品脱销现象；二是加强调查研究，随时掌握市场情况，积极组织货源，保证供应，进一步改善经营管理，努力提高服务质量；三是改进物价工作，降低流转费用。同时，在粮食购销工作方面，提出在农村认真落实"三定"（定产、定购、定销）政策，搞好统购，保证城乡人民的粮食供应，进一步巩固工农联盟。

1956年7月，在中共辽宁省第一届代表大会上，黄欧东当选为省委第一书记。9月，黄欧东作为代表参加了中共八大，当选为第八届中央委员会候补委员。

1957年5月，中共辽宁省委根据中共中央《关于整风运动的指示》，决定立即在全省范围内开展整风运动，成立以黄欧东为首的整风领导小组，制定关于开展整风运动的计划，并召开市、地委书记和省直机关副处长以上干部大会，黄欧东作了整风动员报告。他着重讲了在新形势下整风运动的意义，强调以正确处理人民内部矛盾问题为主题，认真执行"从团结的愿望出发，经过批评和自我批评，在新的基础上达到新的团结"的方针。既严肃认真，又和风细雨；既弄清思想，又团结同志，整风运动获得良好的效果。根据中共中央6月8日发出的《关于组织力量准备反击右派分子进攻的指示》，全省的整风运动立即转入反右派斗争。在斗争中发生了严重的扩大化，把一批知识分子、爱国人士和党内干部错划为右派分子，混淆了两类不同性质矛盾，造成了一定不良的后果。

1958年6月，中共中央任命黄火青为中共辽宁省委第一书记，黄欧东任省委第二书记（12月，兼任省长；1960年9月，任东北局书记处书记）。6月24日至10月13日，省委召开扩大会议进行整风。会议揭发了省委领导作风上的"三风五气"（官僚主义、宗派主义、主观主义，官气、暮气、阔气、骄气和娇气）和执行中央方针政策上的一般性问题。

"大跃进"和人民公社化运动兴起之后，黄欧东作为省委第二书记执行了当时"左"倾指导思想。后来，黄欧东对"大跃进"运动中出现的个别问题有所察觉，甚至作过某些纠正。比如，康平县在给省委的一份报告中竟宣布康平县"已进入共产主义"。他看后感到十分惊讶，立即作出批示："头脑一定要冷静，不能发热，共产主义是我们的理想，但现实决不是共产主义"①。

根据中共中央下发的关于调整农村政策、解决农村人民公社存在问题的一系列文件精神，1960年末，中共辽宁省委开始贯彻落实中共中央关于农村人民公社的各项政策。1960年，黄欧东听说旅大沿海渔业"共产风"刮得很厉害，严重影响了渔民生产积极性，立即派出一个调查小组进行调查。调查之后，调查小组按他的指示，向省委写出调查报告。报告中，针对共产风和平均主义倾向，明确提出了"见产分成"的主张，并引用渔民群众反映的意见："水上漂，就得包（指包产到渔船）"②。此报告经黄火青同意转发到有渔业的各县。1961年10月26日，《辽宁日报》刊登了旅大市红旗公社水产大队"根据渔业生产特点进行分配的经验，介绍他们的分配办法，类似按比例分成，也近乎以产值付

---

① 温玉超：《关于黄欧东情况的谈话记录》，2000年12月12日，存中共辽宁省委党校。
② 温玉超：《关于黄欧东情况的谈话记录》，2000年12月12日，存中共辽宁省委党校。

工", "让社员知道打多少鱼，收入多少，心中有数，干起活来有奔头。"可见，这种纠偏收到了实际效果。

1961 年 1 月，中共八届九中全会提出对国民经济实行"调整、巩固、充实、提高"的八字方针。中共辽宁省委领导全省各级党组织，在一定程度上总结并接受了"大跃进"的经验教训，积极认真地贯彻执行国民经济调整的八字方针，特别是 1962 年 1 月扩大的中央工作会议之后，比较好地贯彻了以农业为基础、以工业为主导发展国民经济的总方针，辽宁的社会主义建设和各项工作得到了比较顺利的发展。在此期间，黄欧东在省农业科学技术工作者代表会议、省第二届人民代表大会第三次会议等会议上，反复强调，必须认真贯彻执行以调整为中心的"调整、巩固、充实、提高"方针。辽宁为贯彻八字方针，进行了大量调整工作，经过几年努力，取得了很大的成绩。在农业方面，比较彻底地纠正了"共产风"，克服了平均主义，恢复了自留地、家庭副业等，并实行按劳分配。在工业交通和基本建设方面，关停并转了一些县以上的全民所有制企业，对企业内部的秩序也进行了必要的整顿。到 1965 年底，全省国民经济的比例关系开始理顺，调整任务基本完成，工业、农业、文教卫生、财政贸易等各项事业进一步发展。

1966 年"文化大革命"开始后，黄欧东遭到迫害。1976 年粉碎"四人帮"后，国家进入社会主义现代化建设新时期。从此，黄欧东摆脱了"左"的束缚，放开手脚开展工作。

（四）郭峰的重要历史贡献

郭峰，1915 年 3 月出生，吉林省德惠人。1933 年加入共产主义青年团，1936 年转为中共党员。在党内、军内曾担任重要领导职务。郭峰从 1949 年开始，一直在辽宁工作和生活。1978 年 2 月，郭峰被任命为辽宁省财贸办副主任，同年 6 月任党组副书记。1979 年 2 月，郭峰任中共辽宁省委书记兼沈阳市委第一书记，主持中共沈阳市委工作。1980 年 9 月，郭峰任中共辽宁省委第二书记；11 月，任中共辽宁省委第一书记。在 1982 年 9 月召开的中共十二大上，郭峰当选为中共中央顾问委员会委员。1985 年 6 月，郭峰不再担任中共辽宁省委第一书记职务，仍任中共中央顾问委员会委员。2005 年，郭峰在辽宁沈阳因病去世。

1954 年 9 月，郭峰被派往旅大市的基层工作。10 月 20 日，郭峰正式到旅大五金总厂上班。郭峰任副厂长，主管计划、财务、劳动工资、质量检查、会计、基本建设等 6 个科室。郭峰向组织提出，由于刚刚到厂，情况不熟悉，要求进行业务学习。这期间，他在与各科室、车间干部见面时，向大家说：自己是犯了错误的干部，组织上分配到这里来锻炼，愿意在厂党总支、厂长领导下努力做好工作，也请大家对他严格要求，如有错误缺点，请及时批评指正。对于郭峰这种谦虚谨慎、老老实实的坦诚相告，大家十分感动，认为郭峰是个老实人，不回避自己的错误。

学习了一段时间以后，郭峰感到：还必须深入到车间、深入到工人中间去，才能了解情况，熟悉业务，才能转变自己精神上苦闷的情绪，提高工作兴趣。在厂长的带领下，郭峰先从铸铁车间看起，接触了不少车间主任和第一线工人。他认识到书本上的知识是很肤浅的，脱离群众，也脱离实践；必须认真学习业务实践，才能提高业务水平[①]。

1956 年初，旅大五金总厂撤销，以原有企业为基础，同时吸收一批公私合营企业，组成旅大机械工业公司，郭峰任副经理。公司整顿了原有各企业，统一组成 1 至 5 个分厂。郭峰在公司分工负责人事、工资、财务。他负责的这些工作，如财务、工资等都直接涉及工人的切身利益。从 1955 年 10 月开始，在五金总厂未撤销时，工厂就多次召开工资工作会议，贯彻执行工资政策，进行工资改革和工资评级工作。当时，工资问题在工厂是一个非常突出、非常敏感的问题。评定工资级别涉及厂里党政领导、技术业务干部和广大工人方方面面，各个层面都要有相应的政策。到 1956 年 9 月，通过召开不同层面的工作会议、座谈会，在广泛征求意见以及进行思想教育的基础上，工资评级工作基本完成，补发工资等工作落实到位。由于他工作细致、全面，大家的反响较好。

这一阶段，郭峰工作更加勤奋，视厂如家，完全把自己融入

---

① 郭峰：《1954—1978 年日记》，存辽宁省中共党史人物研究会办公室。

工人之中，融入企业之中。但旅大机械工业公司存在不到一年时间又被撤销，5个分厂各自独立开展生产活动。

机械工业公司撤销后，1957年初，郭峰到旅大柴油机厂任厂长、党委委员。郭峰虽然不直接抓生产，但作为厂长他亲自到车间组织生产，解决矛盾，听取职工的合理化建议。郭峰很注意向那些工人出身的干部学习领导生产的方法和经验；而那些工人出身的干部也在郭峰身上学到了许多执行上级方针政策，研究和解决实际问题的方法和经验。

在日常工作、生活中，郭峰处处严格要求自己，上下班和工人一起坐公交车上班，从来不迟到。下班则无定时，有时加班，有时到车间转一转，很少按规定时间下班走。1956年，郭峰的大女儿因病几次住院手术，他只能在夜间抽时间去陪护，从没耽误工作。由于工作繁忙，家事负担也重，郭峰的身体一直不太好，气管发炎咳嗽不止，只能靠吃药支撑，但照常坚持工作。"大跃进"时期，厂里领导都"搬家"，郭峰住进工人集体宿舍。一个房间住几个人，三班倒，作息时间不一样。为了不影响休班工人休息，郭峰格外小心，轻轻走路，很怕有声响惊醒工人。他对工人亲切，和工人交朋友，车间一些老工人的名字，郭峰都能叫出[①]。

1959年1月末，郭峰任旅大市计划委员会副主任，主管农业、

[①]　郭峰在旅大五金总厂、柴油机厂的情况系根据原厂里几位老领导杜宝琦、孙太玉、张正吾等人座谈记录整理，1999年2月，存辽宁省中共党史人物研究会办公室。

财贸工作。

1959年下半年，中共辽宁省委开始了对农村落后地区改造工作。1960年1月11日，中共旅大市委派郭峰到金县搞农业落后地区的改造工作及抓冬季生产，任工作队长，参加县委常委会议。郭峰一方面按照当时的形势，采取了阶级分析的方法，通过发动群众开展斗争；另一方面，他在执行政策上采取谨慎的态度，注重调查研究，发现了当时存在急躁、急于求成等不适当的扩大化倾向，并做了一定纠正。事实证明，郭峰当时的做法是正确的，这也与中共辽宁省委关于对农村落后地区改造工作的结论相符合。

1961年春，郭峰参加了中共旅大市委组织的座谈会，讨论研究了支援全国和地方建设的关系、农业为基础与工业为主导的关系、生产建设与生活安排的关系等问题。

郭峰从1954年9月被调旅大下派锻炼，先后在五金总厂、市计委工作到1962年，共8年时间。在这段基层工作期间，郭峰的心态是平静的，不管是在五金总厂还是在市计委，他都首先坦然地向干部群众公开自己是犯"错误"干部的身份，并欢迎大家帮助。尽管在某些重大问题上，他有自己的看法，但他对组织上的一切决定还是认真服从的，表现出很强的党性和组织观念。他曾同一位和他有着同样遭遇的老战友说：我们要忘我劳动，不要忘掉教训，要有自知之明。郭峰在基层锻炼期间，作风朴实，平易近人，非常谦虚。据一位当时和他工作过的同志回忆：郭峰经常穿着一件旧大衣，同大家一起吃食堂，看不出他是当过辽西省委书记、东北局组织部部长这样的大干部。在基层工作期间，郭峰忘我工作，工作非常深入。他基本不坐办公室，经常在下面搞调查研究，工作起来切合实际，很有针对性。由于他工作方法丰富，思想政策水平高，工作成绩明显，所以他在群众中很有威信，口碑也很好①。

1962年6月，郭峰调到刚刚组成的辽宁省财贸委员会（省财委、财贸办）工作。省财委主任由副省长黄达兼任，曲径为副主任（1964年黄达不再兼任省财委主任，由曲径任主任），郭峰为第二副主任。

郭峰到省财委后，分管城市商业处和农村商业处；对口分工主管商业厅、粮食厅、物价局、供销总社等单位。

郭峰到省财委不久，中共八届十中全会于1962年9月召开，通过了《关于进一步巩固人民公社集体经济，发展农业生产的决定》，要求各地学会经营社会主义商业。全会还通过了《关于商业工作问题的决定》，要求发展农村集市贸易。根据中共八届十中全会精神，省财委起草了一份关于开展农村集市贸易市场的布告，以进行宣传。文件起草后在省财贸领导小组会上未能通过，省财委研究后决定由郭峰执笔修改。郭峰接受任务后，连夜加班把布告写完，上报领导小组获得通过。1962年12月12日，辽宁省人民委员会下发《辽宁省集市贸易管理暂行办法》，规定完成

① 周今乃、傅尚满回忆郭峰，1999年5月，存辽宁省中共党史人物研究会办公室。

任务后的一、二类农产品和三类物资，均可参加集市贸易，不属于国营商业或供销合作社包销的各种手工业品，经过登记发证的个体手工业生产的零星小手工业产品、个人自有的零星工业品，也可参加集市贸易。在此之后，辽宁各地陆续开放了一批农村集市贸易市场①。

　　"大跃进"中粮食减产，1960年以后粮食供应更形紧张。一些饮食店，细粮很少，肉禽蛋缺乏，饭菜品种单一。为改变这种现状，省财委和有关厅局采取了许多措施。1962年末，郭峰带队到上海参观学习，回来后，参照外地经验，结合辽宁实际情况，开展了"三食"战役（"三食"即粮食、饮食、食品，在这三个方面进行的一系列工作，谓之"三食"战役）。在饮食业，首先是整顿纪律，改变服务态度，调动员工积极性，增加服务内容。在定量、凭票供应的饭店提倡粗粮细做，增加主副食品花色品种。同时，在凭票、定量供应外，又采取了议购议销措施，在省、市和部分县城开办经营荤食品的高价饭馆，截至1963年6月，共开办151个。又在10个市、25个县城生产部分高价糕点供应群众，在全省所有市、县、工矿区及部分农村投放高价糖果。在饮品中，主要酒类按粮食原料或代用原料的一定比例返酒50%—70%不等。由于采取了这些积极措施，既满足了不同需要，改善了群众生活，又缓解了市场压力，回收了大量货币。

---

① 原辽宁省财委干部韩兆之谈郭峰在省财委的工作，1999年3月访问记录稿，存辽宁省中共党史人物研究会办公室。

在"三食"战役的实施过程中，郭峰付出了很大努力，取得了好的成绩，得到了好评。

中共八届十中全会上通过的《关于商业工作问题的决定》指出："逐步恢复城市同乡村之间，地区同地区之间历史上形成的合理的经济联系，改变地区同地区之间、城市同乡村之间那些不合理的分割市场的现象。凡是国家允许供销合作社开展自营业务的商品，都可以在省同省、专区同专区、县同县之间，相互流通，不能加以阻碍。"这就是说商品流通可以不受行政区划限制，各地可以恢复历史上形成的经济联系。

根据中共中央精神，1963 年 5 月，省财委研究了按经济区组织商品流通的问题，并于 5 月 21 日制定了《关于按经济区组织商品流通的几项规定》。全省划出几个经济区，调整了 27 个市县不合理的商品进货渠道[①]，建立管理机构，基本原则是顺向、近路，少环节，合理运输。

1965 年 1 月，国务院批转华北局财办《关于唐山地区按经济区域调整商业机构、合理组织商品流通试点工作的报告》。此前，从 1963 年开始，华北局财办，中共河北省委、唐山地委、唐山市委组成工作组，在唐山专区进行按经济区组织商品流通试点，至 1964 年末取得较好效果，减少了不合理的流转环节。故于 1965 年 1 月经国务院批转向全国推广。辽宁省在 1963 年也制

---

① 辽宁省地方志编纂委员会办公室：《辽宁省志·商业志》，辽宁民族出版社 2001 年版，第 9 页。

定并实施了按经济区组织商品流通的办法，唐山经验出来后，又加大了工作力度。1965 年 2 月间，省财委派人到唐山学习经验，然后经过分析研究写出了《关于推广唐山按经济区划组织商品流通，调整商业机构的报告》，3 月 15 日，中共辽宁省委批转了这个报告，同意在经济中心区和交通枢纽地区设立工业品二级批发站和农副产品购销站，巩固和推广省内产品从产地直达运输的成果。

为了更好地开展这项工作，辽宁省人民委员会成立了推广唐山经验领导小组，曲径为组长，郭峰是常务副组长，主抓这项工作。同时，由郭峰、王文光等人率 100 多人到黑山、大虎山、沟帮子、南杂木蹲点。从 1965 年 3 月到 1966 年"文化大革命"发动时为止，前后历时 1 年多，经大量、细致调查研究，对商品流向进行改革。这期间，先后组织 360 个基层供销社跨区购销，使全省 95% 以上的基层供销社的商品流向趋于基本合理。同时，按照经济区调整了商品批发机构，在大虎山、沟帮子、城子坦等交通枢纽地区新建 8 个批发站，在东部山区的南杂木、南甸子、通远堡等地建立了综合批发机构二级半站；撤销黑山、台安、北镇、锦县、新宾、阜新等 9 个地区的批发机构，全省的三级批发站由原来的 66 片调整为 56 片。

按经济区组织商品流通，涉及商品分配和利益关系，这实际上形成了经济区和行政区划之间的矛盾，在经济匮乏年代，抓这项工作有很多困难。在试行按经济区组织商品流通工作过程中，郭峰作为省财委主抓这项工作的负责人，和大家一起蹲点调查研究，工作认真仔细，作风民主，善于听取和集中大家意见，形成正确的观点和决策，他在这项工作中，花了大力气，起了大作用[1]。

---

[1]　原辽宁省财委干部韩兆之、孙静谈郭峰在省财委的工作，1999 年 3 月访问记录稿，存辽宁省中共党史人物研究会办公室。